Suivre le courant

et découvrir l'essentiel de la vie

Catalogage avant publication de Bibliothèque et Archives nationales du Québec et Bibliothèque et Archives Canada

Morgan, Michèle, 1949-
Suivre le courant et découvrir l'essentiel de la vie : rencontres et histoires insolites d'amour et de bonheur
ISBN 978-2-89436-319-5
1. Morgan, Michèle, 1949- . 2. Réalisation de soi. 3. Relations humaines. 4. Femmes - Québec (Province) - Biographies. I. Titre.
BF109.M67A3 2011 150.92 C2011-941811-8

Nous reconnaissons l'aide financière du gouvernement du Canada par l'entremise du Programme d'aide au développement de l'édition (PADIÉ) pour nos activités d'édition.

Nous remercions la Société de développement des entreprises culturelles du Québec (SODEC) pour son appui à notre programme de publication.

Infographie de la couverture et mise en pages : Marjorie Patry
Révision linguistique : Amélie Lapierre
Correction d'épreuves : Michèle Blais

Éditeur : Les Éditions Le Dauphin Blanc inc.
Complexe Lebourgneuf, bureau 125
825, boulevard Lebourgneuf
Québec (Québec) G2J 0B9 CANADA
Tél. : (418) 845-4045 Téléc. : (418)845-1933
Courriel : info@dauphinblanc.com
Site Web : www.dauphinblanc.com

ISBN : 978-2-89436-319-5

Dépôt légal : 4e trimestre 2011
Bibliothèque nationale du Québec
Bibliothèque nationale du Canada

Imprimé au Canada

MICHÈLE MORGAN

Suivre le courant
et découvrir l'essentiel de la vie

Rencontres et histoires insolites de bonheur et d'amour

Le Dauphin Blanc

Autres livres de l'auteur chez le même éditeur

Pourquoi pas le bonheur ?

L'art de vivre heureux par la pensée positive

2006

Le goût d'être heureux... en dix chapitres!

Surmontez 10 grands obstacles!
Apprivoisez la peur!
Osez dire oui au bonheur!

2007

Table des matières

Je remercie sincèrement…

Micheline Anne Hélène Pierre Papineau Montreuil, **mon fidèle conjoint**. Sur le chemin du cœur, nous avons appris l'amour conjugal, l'engagement, la fantaisie et la tolérance.

Louis, **mon frère**, qui m'a guidée avec douceur et sagesse. Son expérience unique a favorisé mon éveil spirituel et elle me permet de partager son intéressant parcours avec ceux qui aspirent au bonheur.

Stephen, **mon frère**, qui m'a généreusement aidée à approfondir mes connaissances médicales.

Alain, **mon éditeur**, qui m'a offert sa confiance et qui m'a attendue avec patience.

Mes amis et mes collègues de travail avec lesquels j'ai intensément partagé les hauts et les bas de la vie.

Mes guides spirituels dont j'ai graduellement entendu les communications en écoutant ma petite voix intérieure.

Mes animaux, chats et chiens, qui m'ont initiée dès la tendre enfance à l'amour inconditionnel et qui, par la suite, m'ont révélé la magie de la réincarnation.

Je leur dédie ce livre avec reconnaissance.

PREMIÈRE PARTIE

À propos de ce livre

« Il ne faut pas de tout pour faire un monde,
il faut du bonheur et rien d'autre. »

Paul Éluard

Préface de l'auteure

Découvrir un territoire inconnu favorise notre contact avec nous-mêmes. La présence de l'autre nous permet de mieux nous *reconnaître*. Elle nous conduit à la découverte de nos ressources et de notre identité.

Comme un long itinéraire autour du monde nous ouvre à la culture des sociétés, l'ouvrage littéraire propose un voyage intérieur dont nous ressortons parfois agréablement transformés.

Plusieurs cherchent un sens à leur destin et s'efforcent avec courage d'explorer le chemin du bonheur. Chacun a pour mission de trouver ses propres réponses aux questions existentielles. Certaines étapes de la route s'avèrent propices aux interrogations et elles nous guident vers de nouveaux horizons.

Mon travail d'auteure poursuit l'objectif de faciliter cette quête d'un mieux-être que nous partageons tous. La vie m'a bousculée au cours de cette dernière année et je l'en remercie. Un tsunami d'émotions et un changement de cap offrent souvent une occasion de plonger en soi et d'y rencontrer la créativité.

J'ai cessé de courir et de m'éparpiller. J'ai pris le temps d'écrire. J'ai saisi la plume pour donner à ce livre une lumière spéciale, unique et joyeuse.

Pour la première fois, j'ai choisi de mettre des images sur les mots, des visages sur les gens. Cette option m'habite depuis que j'ai acquis des livres aux textes ponctués de photographies. Le plaisir d'imaginer les individus, les animaux ou les objets décrits est agréable, mais celui de les voir sur papier ravit le cœur et l'œil. Voilà une jolie façon pour le lecteur d'entrer plus intimement en contact avec les acteurs d'un livre.

Je me considère privilégiée de publier à nouveau sur le bonheur et de partager avec enthousiasme mon propos sur ce thème qui m'a toujours interpellée. Plus que jamais, je poursuis le rêve de contaminer mon auditoire par le virus de la joie de vivre.

Aux deux tiers de mon existence, je regarde avec étonnement le passé et je remercie la vie de m'avoir tant offert. À mon tour de donner !

Michèle Morgan

Questions auxquelles ce livre tente de répondre

- La pensée positive est-elle la pensée magique ?
- Le lâcher-prise empêche-t-il d'avoir des objectifs précis ?
- Faut-il être un grand écrivain pour publier un livre ?
- Qu'est-ce que les médias sociaux ? Pourquoi y adhérer ?
- Pourquoi est-ce important d'avoir des points d'ancrage ?
- La prière est-elle une source de réconfort ?
- Qu'est-ce que l'amour inconditionnel ?
- Est-il important que tous aient les mêmes croyances ?
- Comment une personne peut-elle être belle après quarante ans ?
- Qui sont les gens d'exception ?
- Comment développer la compassion ?
- Y a-t-il quelque chose après la mort ?
- Qu'est-ce qu'une personne transgenre ?
- Faut-il être passionné et amoureux pour aimer ?
- Faut-il avoir une vie sexuelle active pour être heureux ?
- Qu'est-ce que le syndrome d'excitation génitale persistante ?
- La cyberdépendance est-elle une maladie ?
- Qu'est-ce que la dépendance affective ?
- Pouvons-nous nous libérer de la dépendance affective ?
- Le mariage peut-il cohabiter avec le bonheur ?
- Une personne handicapée peut-elle être heureuse ?
- Les animaux ont-ils une âme ?
- La réincarnation des âmes humaines est-elle possible ?
- La réincarnation des âmes animales est-elle possible ?
- La présence d'un animal peut-elle être bénéfique ?

- Les animaux ont-ils quelque chose à nous apprendre ?
- Pouvons-nous communiquer avec un animal ?
- Les objets ont-ils une âme ?
- La nature peut-elle nous offrir des messages ?
- Pourquoi est-ce utile de retrouver l'enfant en nous ?

En fait, la grande question à laquelle ce livre aimerait pouvoir répondre est la suivante :

- **La vie vaut-elle la peine d'être vécue ?**

La seule personne capable de répondre à cette question, c'est vous !

Photographies de ce livre

Les photographies des personnes incluses dans ce livre sont reproduites avec leur consentement et celui du photographe.

Les photos de la page couverture, de l'épilogue et de la quatrième de couverture sont de Léo Gobeil, photographe de Québec et ami personnel. Il a un don pour capter la beauté et l'essence de la vie.

La photo de mon frère Louis fait partie de son album personnel.

La photo de Michelle Blanc est du photographe Olivier Samson Arcand.

Les photos de mon ami Olivier font partie de son album personnel.

La photographie de Valérie Gosselin et de deux chats est du photographe Jocelyn Michel.

Les photos de Tânia et de Cláudio ont été prises par Gabriela Bruno, une amie de Tânia. Elles sont incluses dans le livre avec le consentement de Gabriela, de Cláudio et des parents de Tânia.

Les photos de Thérèse de Lisieux et celle de Sa Sainteté le dalaï-lama ont été trouvées dans la banque d'images du moteur de recherche Google. La photo du dalaï-lama vient du blogue de Gary Gabelhouse alors que celles de Thérèse viennent de divers sites religieux, notamment celui du Sanctuaire de Lisieux.

La photo du chat Poupou fait partie de l'album personnel d'Amélie.

Les photos de mon conjoint et celles de mes animaux font partie de mes albums personnels. Sur deux d'entre elles, on peut voir ma grand-mère d'adoption, décédée il y a quelques années.

La photo du catalogue Eaton vient de Bibliothèque et Archives Canada et elle a été trouvée en faisant une recherche sur Internet.

Le goût du partage

« Le bonheur, ce n'est pas une note séparée,
c'est la joie que deux notes ont à rebondir
l'une contre l'autre. »

Christian Bobin

Le goût du partage

La jeune femme n'avait pas trente ans. Elle rêvait de bonheur. Elle aspirait à communiquer son idéal avec la conviction que tous les êtres humains partagent l'envie d'être heureux. Les jours, les mois et les années ont passé en laissant derrière eux des joies et des peines, des gains et des pertes…

Déjà trente années depuis la publication de mon premier livre, au cours desquelles le propos initial a gardé le cap. On m'avait avertie au sujet des écueils et des embûches du travail d'auteure, on avait aussi attiré mon attention sur ces gourous aux grands succès professionnels, mais qui n'ont hélas pas réussi leur vie. Le cordonnier, dit-on, est souvent mal chaussé. Peut-on en conclure que ceux qui traitent du bonheur ne l'ont jamais trouvé ? Ce livre prouve le contraire. L'apprentissage de la joie de vivre s'avère un art qui se pratique au quotidien et qui nous rend virtuoses. Loin de la pensée magique, il se conjugue avec une réflexion éclairée et réaliste. Il correspond à la meilleure façon d'appréhender les pires tempêtes de notre existence sans nous décourager, découvrant avec le sourire qu'après la pluie, il y a le beau temps.

Je ne possède pas le don de la poésie, du roman ou de la jolie prose des écrivains. J'ai le don du partage. Le moteur qui m'aide à avancer a pour nom « amour ». La toile sur laquelle je peins mes œuvres, avec des idées, des phrases et des lettres, a pour nom « bonheur », celui de vivre, d'écrire et d'aimer. Bonheur de découvrir, à travers la vie, la mienne et celle des autres, des petits bouts de vérité.

Faire danser les mots en bousculant la règle et la lettre, m'oxygéner la tête en délinquance littéraire et plonger avec joie dans un sujet cher à mon cœur, ne me souciant guère du qu'en-dira-t-on et des sourires moqueurs, m'a permis de jongler avec l'impossible et de réaliser un rêve : l'aspiration à gommer les cadres rigides et à laisser parler la vie, le goût d'accorder enfin à l'étonnement sa place en prenant une distance du déjà vu.

« Pourquoi, à l'aurore, toujours s'émerveiller d'un lever de soleil au lieu d'admirer un coucher d'étoiles ? » Cette jolie question, posée par un ami, trouve sa réponse au cœur de la différence.

Voir la vie sous un nouvel angle, me permettre de refaire le monde et inventer un huitième ciel alors que je suis à écrire un septième bouquin sur le bonheur. Qui, un jour, a limité à sept le nombre de cieux ? Si un huitième se pointait le bout du nez, dans le vestibule de mon intuition, devrais-je lui refuser l'hospitalité ?

Mes livres ne gagneront pas de prix. Ceux-ci sont octroyés aux chefs-d'œuvre artistiques, aux exploits athlétiques, aux découvertes scientifiques. Rares sont les médailles décernées à la vérité. La vérité, comme l'amour, n'a pas de prix et aucun trophée ne lui est attribué. Faudrait-il s'en étonner ? Pas du tout. Les Védas, la Bible et le Coran demeurent les livres les plus répandus sur terre et jamais ils n'ont reçu des honneurs littéraires. Réjouissons-nous, toutefois, du prix Nobel de la paix qui récompense des personnes ayant favorisé le rapprochement des peuples, la suppression ou la réduction des armées permanentes, la réunion et la propagation des progrès pour la paix. La lutte pour l'accord entre tous les habitants de la planète, les droits de l'homme, la philanthropie ainsi que la liberté pour tous est joyeusement couronnée par cette reconnaissance exceptionnelle.

Depuis un moment déjà, ça me « tarabiscote » le cervelet de plonger dans cette vie, la mienne, où j'ai fait table rase des préjugés, et de partager avec vous mes récentes découvertes. Basées sur l'intuition et l'observation et non sur une solide validation didactique, ces dernières n'en restent pas moins authentiques et bien réelles. N'oublions pas que plusieurs connaissances reconnues puisent leur origine dans un flair initial. À titre d'exemple, prenons la célèbre formule $E=mc^2$ énoncée sous cette forme, en 1905, par Albert Einstein, dans ses recherches sur la relativité. D'autres savants pressentaient déjà l'existence de cette équation sans avoir réussi à l'identifier de façon précise. Galilée, Copernic, Kepler, Isaac Newton et même Pascal, dont l'étude amorcée à l'aveuglette a été parachevée avec brio par les travaux d'Einstein, méritent le qualificatif de visionnaires capables d'affronter les certitudes scientifiques de leur époque pour se diriger vers une perception élargie de la vie. Sans leur appréciable curiosité, et celle de plusieurs grands de ce monde, nos connaissances ne dépasseraient guère le bout de notre nez. Descartes, valeur certaine ou alibi du « scientisme philosophique », accorde aussi un rôle majeur à l'intuition : « Les propositions qui sont la conséquence immédiate des premiers principes se connaissent d'un point de vue différent, tantôt par intuition, tantôt par déduction; quant aux premiers principes eux-mêmes, ils sont connus seulement par l'intuition [règles pour la direction de l'esprit]. » En cas de doute, Descartes ne nous dit-il pas de poursuivre notre première intuition ?

La vérité possède plusieurs facettes. Chacun découvre quelques-unes d'entre elles. Des individus choisissent d'aller à la rencontre de nouveaux aspects de la réalité, et ce, sans crainte du ridicule.

J'ai subi mon lot de souffrances, de déceptions et de frustrations. J'ai vaillamment combattu le sentiment de dépression qui surgit de l'ombre lorsque l'épreuve frappe. J'ai déposé mes peines dans une boîte à guérison enrubannée de fils de soie, de fils de « soi », de fils de joie.

Mon itinéraire ne ressemble pas à la pensée magique ni au déni de l'adversité. Que non ! J'ai souvent plongé dans un océan de perplexité et j'ai sillonné les chemins d'une forêt de préjugés. L'eau salée de la mer et les arbres, pourtant, sont mes alliés. J'ai connu des amours perdus et j'ai vu des espoirs s'envoler en fumée. J'ai appris à me réconcilier avec la souffrance, et mes rituels de guérison se comparent à de petits miracles de l'âme. Une certitude demeure : le sentiment d'aimer, qui nous a atteints, ne nous quitte jamais plus.

Les coups durs, il y en aura encore. Je sais maintenant la force qui m'habite et qui peut rejoindre tous ceux qui la sollicitent avec instance. Il suffit de prendre une grande inspiration, de fermer les yeux et de prier humblement la paix de nous libérer de la panique.

L'écriture n'est pas le fief des artistes, des experts et des érudits. Elle ne l'a jamais été. Depuis trente ans et des poussières, je joue d'audace. Je défie la statistique en continuant, sans relâche, de broder sur mon canevas de bonheur. Ce nouveau livre ayant comme trame de fond l'amour inconditionnel pourra vous faire rire et pleurer, mais, je l'espère, ne vous laissera pas indifférent.

Si jamais quelqu'un frappe à votre porte et vous injurie en raison de vos croyances et de vos convictions, il faut le regarder droit dans les yeux et, poliment, l'enjoindre de passer son chemin. Si un visiteur exprime un embarras quant à vos idées, mais que sa critique vous paraît sans haine et sans agressivité, offrez-lui l'hospitalité. Écoutez le point de vue différent du vôtre. Il pourrait vous apporter un éclairage sur les événements de votre vie. N'hésitez pas à vous remettre en question si une perspective audacieuse vous ouvre de nouveaux horizons, même si *a priori* une telle façon de voir les choses vous choque. L'inconnu et la marginalité font peur. Il faut du courage et surtout une ouverture d'esprit pour accepter de s'y attarder au lieu de les repousser sans la moindre considération.

Avec la technologie moderne, tout le monde peut s'exprimer haut et fort, au risque de déplaire à ceux qui détenaient jadis le monopole du bien-dire et du « bien-faire ». Être de son temps permet de s'octroyer la chance de penser et de faire tout à son goût. C'est également se donner le droit d'exister à part entière.

En créant mon site Internet, en naviguant sur la Toile, en m'inscrivant sur les médias sociaux, j'ai compris le besoin de partage et d'échange de l'humanité entière. Les frontières font maintenant place à une gigantesque agora où la liberté de parole s'impose en dépit des obstacles.

Ma plume respire l'autonomie. Elle jongle avec des réalités plus intuitives qu'intellectuelles. La lumière et l'ombre y dansent en alternance, sans précipitation, et vous invitent à siroter une délicieuse infusion concoctée à base d'amour inconditionnel, d'amour universel.

Message d'espoir

Il n'est jamais trop tôt ni trop tard pour découvrir l'art d'être heureux. Avec une volonté sincère et de bons outils, le bonheur s'apprend. Des pires situations, nous pouvons nous relever. Des plus grandes épreuves, nous pouvons sortir forts et sereins.

Suivre le courant

« La vie est une succession de changements naturels. Ne résistez pas, car cela n'entraînera que des soucis. Laissez la réalité être la réalité. Laissez faire naturellement les choses. »

Lao Tseu

Suivre le courant

La vie semble parfois si absurde qu'elle nous plonge dans un état presque végétatif. On continue de vivre machinalement, portant en soi des émotions douloureuses de tristesse et de colère. Comment accepter l'inacceptable ? Comment tolérer l'intolérable ? Quand rien ne va plus, quand malgré tous nos efforts les événements nous tirent vers le bas, lorsque tous nos espoirs disparaissent en fumée, comment retrouver la sérénité ?

Le 14 juin 2010 restera à jamais gravé dans ma mémoire. Vers quinze heures trente, mon supérieur hiérarchique m'annonce qu'il met fin à mon contrat de travail. Le sol se dérobe sous mes pieds et je reçois la nouvelle sans la comprendre. N'ayant pas anticipé le coup, je nage dans la confusion. Il me semble absurde que je perde cet emploi qui me comble et que j'aspirais à garder encore plusieurs années. Comment arriver à saisir les motifs de cette décision, alors que deux évaluations de rendement faites en octobre 2009 et en février 2010 démontrent que je suis très appréciée et que je satisfais aux attentes de l'entreprise ? Cette question restera toujours sans réponse malgré mon insistance à demander des explications claires et précises.

Pressée de ramasser mes pénates et de remettre mes cartes d'accès, sans même avoir le temps de saluer mes collègues, je me sens comme une criminelle. Le représentant des ressources humaines me rassure. Rien de grave ne m'est reproché et je devrais avoir droit à des prestations de chômage. La surprise fait place à une grande tristesse qui m'envahit à mon arrivée à la maison. Un sentiment de rejet et de trahison me submerge. J'ai pourtant tout donné, au prix même de ma vie personnelle, n'hésitant jamais à effectuer des heures supplémentaires non rémunérées et, avec le sourire, à me porter volontaire pour l'étude des dossiers les plus complexes. Quel singulier retour des choses à ce tournant de mon existence !

Chacun de nous a son lot d'épreuves et de chagrins. Je pense à des situations encore pires que la mienne. Mon amie Maryse me revient en mémoire : elle a récemment souffert d'un cancer du sein et elle a traversé avec courage toutes les étapes vers sa guérison. Quelques années auparavant, elle a également vécu un congédiement à la suite duquel elle a décidé de se battre pour contester cet acte arbitraire de son employeur. Fort heureusement, elle a gagné la bataille au prix toutefois d'importants efforts et de coûts judiciaires élevés. Je songe à cette collègue de travail dont le fils de 27 ans est décédé des suites d'un bête accident de voiture alors qu'il aidait sa sœur cadette à aménager son appartement. Parti chercher quelques victuailles au dépanneur, le jeune homme est mort sur le coup après que son véhicule a dérapé sur la glace noire et frappé de plein fouet un autobus. Il me vient aussi en tête le drame d'Haïti et tous les autres drames du même genre si fréquents sur la planète.

Pendant plusieurs jours, je m'acharne à vouloir comprendre. Je me remets en question et j'essaie d'identifier la faille commise ayant pu me conduire à une telle situation. Comment ai-je pu réussir à saboter ma propre vie en perdant cet emploi où je me sentais heureuse et épanouie ? Quels ont été mes faux pas et mes erreurs ? Plus je creuse et moins je trouve. Je vois bien, ici et là, quelques notes discordantes qui, à mon avis, ne font pas le contrepoids de mes deux excellentes et encourageantes évaluations. Ma supérieure immédiate, signataire de ces appréciations, est partie de l'entreprise avant moi et ne peut donc, à ce stade, m'expliquer davantage la décision prise par le gestionnaire en place.

Confiante depuis des années dans la pensée positive et créatrice, fidèle à l'idée que la visualisation de nos objectifs devrait nous conduire au succès et à la réalisation de ceux-ci, me voilà devant ce qui me paraît soudain comme un véritable échec. Dois-je refaire mes classes et revenir sur mes croyances passées ? Est-ce que je dois balayer trente ans de solides convictions et suivre une autre route ?

Une réflexion s'impose pour arriver à bien choisir la direction à prendre. Lorsque des événements imprévus détruisent certains de nos repères, nous sommes secoués. Un divorce, un accident, un incendie, une perte d'emploi nous ébranlent profondément. Dans de telles circonstances, comment réagir positivement et continuer de mettre en pratique les grands principes évoqués par les tenants de la pensée créatrice ?

Les points d'ancrage

Rien ni personne n'a le droit ni même le pouvoir de tout nous enlever. Lorsque l'épreuve s'abat sur nous, il est normal d'être totalement envahis par des émotions de tristesse, de peur, d'impuissance et de révolte. La culpabilisation, l'apitoiement sur nous-mêmes et la honte se remarquent aussi en temps de difficulté. Si un accident ou une maladie entraîne l'amputation d'un de mes membres, mon existence bascule. Je ressens de l'injustice et de l'amertume. Si la vie me prive soudainement d'un être aimé, je n'espère qu'une chose, soit que l'on me rende celui-ci afin que je puisse à nouveau le chérir, le toucher et le garder près de moi.

Lorsque le malheur frappe, une période de transition plus ou moins longue s'amorce fatalement. Ce temps d'adaptation à une nouvelle réalité, voulue ou imposée, nous fournit l'occasion de revisiter nos points d'ancrage. Malgré la déstabilisation inévitable, un regard sur ce qui nous a déjà permis de dire « que la vie vaut la peine d'être vécue » s'avère d'une grande utilité.

Nos enracinements et nos préférences donnent un sens à notre existence et ils devraient, en principe, en améliorer la qualité. Ils peuvent varier d'une personne à une autre et ils aident à garder le cap malgré les souffrances provisoires. Mon pire détracteur, j'en suis certaine, ne peut me soustraire simultanément à tout ce que j'aime de la vie. Il ne possède pas ce loisir, et c'est tant mieux.

Au cœur des tempêtes, nous pouvons tourner notre regard vers tant de douceurs réparatrices telles que l'amour, l'amitié, la musique, le contact avec la nature, la famille, la bonne bouffe, les voyages, le travail, le jeu, la boîte à souvenirs heureux, l'entraînement physique, la maison, la curiosité intellectuelle, les livres, le soleil, l'humour ainsi que tous nos passe-temps favoris.

Explorer pleinement sa créativité, dans les petites comme dans les grandes choses, est un point d'ancrage universel grâce auquel chaque personne devient un être unique, original et irremplaçable. Je connais une jeune femme qui change son style lorsqu'elle traverse une période difficile. Elle considère cela comme une vraie thérapie. C'est aussi une façon pour elle de se rendre plus rapidement au but. Elle modifie sa coupe de cheveux, parfois la couleur de ceux-ci, s'achète un ou deux vêtements après avoir perdu du poids et prétend se sentir déjà mieux. Nous avons tous l'habitude d'estimer le verre à moitié vide au lieu de le voir à moitié plein. Quand nous recevons un coup dur, nous avons tendance à mettre l'accent sur cet élément malheureux de notre parcours et à oublier le reste. Nous donner la chance de poser notre regard plus loin et de saisir toutes les occasions de bonheur encore bien réelles facilite et accélère le processus de transition.

Apprendre à établir une communication constante avec les animaux, les fleurs, les plantes, les arbres, les pierres, les minéraux ou les astres, sans préjugés ou attentes spécifiques, représente également une expérience passionnante. La souffrance a comme effet d'exacerber la sensibilité et de permettre une expression intense de la joie comme de la peine. Aussi paradoxal que cela puisse paraître, nous pouvons profiter de ces périodes difficiles où l'épreuve s'abat sur nous pour ressentir encore davantage les petits et les grands plaisirs de l'existence.

Le célèbre auteur polonais Martin Gray a vu disparaître plus de cent membres de sa famille lors de l'Holocauste de la Deuxième Guerre mondiale et, en octobre 1970, il a perdu sa femme et ses quatre enfants lors d'un grave incendie qui ravagea le Tanneron où ils habitaient. Cette douloureuse expérience ajoutée à celle du génocide de millions de juifs donna naissance au livre *Au nom de tous les miens* porté plus tard à l'écran. Auteur à succès, il a publié d'autres titres optimistes. Le dernier s'intitule *Au nom de tous les hommes* en écho à sa colère par rapport aux atrocités et à la barbarie dont font preuve certains individus, mais aussi en témoignage de sa confiance renouvelée en la grandeur du genre humain. Martin Gray a 88 ans au moment de la rédaction du présent texte et il œuvre toujours activement en apportant sa lumière et son soutien moral. Ses écrits sont destinés à chaque personne qui, un jour, s'est interrogée sur le sens de sa vie, a rencontré la détresse, la lassitude, afin qu'elle retrouve le bonheur, le courage et l'espoir. Martin Gray a continué de louer les forces de la vie, même si le ciel lui est tombé plus d'une fois sur la tête. Voici une citation de Martin Gray prise dans *Au nom de tous les hommes* :

« J'ai traversé tous les malheurs. J'ai été témoin du plus grand crime perpétré dans l'histoire des hommes. J'ai subi l'injustice. J'ai souffert de la haine. J'ai été frappé plus qu'aucun autre. J'ai connu la disgrâce de voir disparaître ceux auxquels j'avais donné la vie, et il n'est pire malheur.

» Et cependant, parce que j'ai côtoyé des hommes généreux, prêts à tout donner d'eux-mêmes pour les autres, parce que j'ai été bouleversé par le geste d'une mère, la beauté d'un tableau et l'infinie douceur d'une sonate, je suis heureux d'avoir connu cette aventure exaltante qu'est la Vie. »

L'idée suggérée se résume à une approche efficace bien connue, soit celle de se concentrer sur les bienfaits de la vie tout en ne refusant pas d'accueillir les émotions engendrées par l'épreuve. L'équilibre entre les deux pôles d'attraction, vers le haut et vers le bas, s'instaure naturellement et nous permet de mieux accepter tout ce qui nous arrive avec philosophie, sans nous décourager.

La vie autrement

Quand l'épreuve frappe ou que, malgré tous nos efforts, nous ne réussissons pas à atteindre le but, nous nous répétons que les choses devraient se passer différemment. Et si « l'autrement » était justement une surprise qui nous est réservée en secret ? On imagine des scénarios à contre-courant pour changer le cours des événements. On rêve de faire marche arrière en ne se rendant plus disponible à ce que la vie propose. Quitter sa zone de confort pour un continent inconnu, abandonner ses habitudes sécurisantes, revoir le canevas sur lequel on brodait ses ambitions demande de la volonté. Espoir et inquiétude cohabitent en alternance et exigent de nous une grande capacité d'adaptation. Avec l'expérience, ces périodes transitoires se font plus douces et moins dévastatrices. Suivre le courant s'impose alors d'instinct avec l'assurance qu'au bout du tunnel, on trouvera la lumière.

Les cadeaux mal emballés

Christine Michaud, animatrice, conférencière et auteure de Québec, parle de cadeaux mal emballés pour nous faire comprendre à quel point ce qui semble une épreuve peut devenir un tremplin, une occasion d'aller vers une destination meilleure encore que nos prévisions. Facile à dire, mais plus difficile à croire au cœur de la tourmente. J'emprunte à Christine cette joyeuse image qui nous permet d'envisager avec le sourire la traversée du désert ou de la mer houleuse pour arriver sains et saufs de l'autre côté de la rive. Si le changement a été bien géré, avec l'aide de ressources qualifiées, on peut enfin découvrir le cadeau au départ maladroitement présenté.

Combien de fois n'entendons-nous pas dire qu'une solution est miraculeusement sortie de l'ombre après avoir lâché prise ? Combien de fois ne réalisons-nous pas qu'en suivant le courant, la vie nous a conduits à un endroit ou à un partenaire mieux adapté à notre personnalité ?

La perte de cet emploi tant aimé représente-t-elle pour moi un vrai cadeau mal emballé ? À peine trois mois après cette date mémorable, il m'est encore difficile de faire la part des choses et de répondre avec précision à cette question.

Je sais d'ores et déjà que cette pause estivale m'a fourni une bonne dose d'énergie, m'a offert l'occasion inespérée de me rapprocher de ma famille et m'a donné du temps pour écrire ce septième livre sur le bonheur. Ce n'est pas rien. J'ai aussi la conviction que mes acquis et mes talents ne m'ont pas été enlevés par ce coup de masse sur la tête. J'ai décidé de suivre le courant et la vie pas à pas, comme elle vient, tout en fixant un regard sur mon idéal. Je prends allègrement et agréablement mon temps, avec célérité toutefois, pour ne pas le perdre et pour garder la forme !

Message d'espoir

Si vous traversez une période difficile, sachez que cette expérience de vie peut vous conduire à un endroit encore plus gratifiant que vous ne l'auriez imaginé. Le temps fait son œuvre et nous révèle son mystère lorsque nous sommes prêts à le découvrir.

L'amour inconditionnel

« La leçon la plus importante pour chacun de nous est celle de l'amour inconditionnel, tant envers les autres qu'envers nous-mêmes. »

Elisabeth Kübler-Ross (psychiatre américaine)

L'amour inconditionnel

L'amour inconditionnel me passionne. Je suis émue par les animaux depuis ma tendre enfance. Ceux-ci m'ont permis de le découvrir. Réalisant plus tard que ce lien privilégié pouvait aussi être vécu par les êtres humains, j'ai voulu en faire l'apprentissage.

L'amour sans condition s'est imposé dans le cœur de ce livre, dans le cœur de ma vie. Ce sentiment produit un état de grâce. Il ne risque pas d'engendrer la déception, car il ne propose pas d'attentes.

Par opposition à la passion souvent destructrice, l'amour inconditionnel édifie. S'« énamourer » entraîne le désir de posséder l'autre comme si on le réduisait à un objet. Cela mène parfois des individus qui n'acceptent pas une séparation à s'enlever la vie et même à tuer leur partenaire et leurs enfants.

L'amour inconditionnel ne ressemble pas à un sentiment. C'est davantage un état d'être et de conscience qui n'est pas dirigé vers une personne unique ou un seul animal. Il est universel et il engendre une plénitude chez celui qui le vit. Les paroles du dalaï-lama et bien d'autres, comme celles de Jean Vanier, de Lanza del Vasto ou de Marie-Madeleine Davy m'ont inspirée et m'ont conduite vers ce lieu paisible et libérateur. Je l'ai préféré, après avoir vécu l'amour romantique, la passion et la rêverie.

Sur cette voie, je choisis la quiétude et la sérénité au lieu de me concentrer uniquement sur des plaisirs éphémères. Cela ne veut pas dire que j'exclus de ma vie toute forme de jouissance. J'élimine celles que j'ai goûtées et qui m'ont laissé un goût amer. Avant d'opter pour la santé, j'ai fumé, bu un peu trop, mangé à en devenir malade. Je ne regrette pas cette période de recherche et de découverte. Le choix de l'amour inconditionnel s'est naturellement fait après avoir expérimenté la passion et une sexualité active placées très haut dans l'échelle de mes besoins. Le trop court soulagement apporté par certaines distractions ne favorise pas la paix de l'esprit.

La nostalgie de l'être humain prend sa source dans l'âme et non dans la chair. Quant à l'intellect, il peut s'avérer trompeur. Il laisse miroiter de grandes joies par l'acquisition de biens matériels ou par la conquête de paradis artificiels. L'intuition et le vécu quotidien dirigent vers l'amour inconditionnel et la réflexion aide à trouver les mots pour le décrire.

Trois mois après la sortie de mon premier livre *Pourquoi pas le bonheur ?*, j'ai accordé une entrevue à Yoland Guérard, chanteur québécois à la magnifique voix de basse appréciée de tous. Celui-ci était persuadé que ma quête me conduirait en des lieux paisibles que je partagerais éventuellement par d'autres publications. Son jugement s'est avéré juste.

Mes écrits sont lus par des gens qui souffrent et qui cherchent des idées pour atteindre une meilleure qualité de vie. Les médecins prescrivent des médicaments. À ma façon, je donne aussi des remèdes, ceux que je connais et que j'ai expérimentés. Je ne sais pas à l'avance la réaction de ceux qui essaient les pistes d'action proposées. Au fil des messages que vous me transmettez régulièrement, je découvre que cela fonctionne pour plusieurs d'entre vous. Je reçois de touchants témoignages de personnes qui lisent mes livres et décident de passer à l'action grâce aux outils que je leur propose. Pour eux, cette étape représente souvent le premier pas vers le bout du tunnel où se trouve une certaine lumière.

À la mi-temps de l'existence, avant, de préférence, et parfois plus tard, on se pose une question fondamentale. Personne n'y échappe, quel que soit son âge.

Qu'y a-t-il de plus important dans la vie ? L'argent ou la santé ? Le succès ou la famille ? D'une personne à une autre, nous entendrons différentes réponses. L'une d'elles, pourtant, semble faire consensus au fur et à mesure que nous vieillissons et que nous devenons conscients de l'essentiel.

Les philosophes en ont parlé et Jésus l'a prêché. Pourquoi choisir d'en parler dans ce livre ? Parce que l'amour inconditionnel, si longtemps cherché, je l'ai découvert dans la beauté des petites choses de l'existence.

Je pressens le doute légitime à la lecture de mon propos et j'entends bien vous rassurer. Je ne prétends pas avoir trouvé une façon d'incarner à la perfection cette magnifique réalité. Loin de là. Fascinée par sa puissante force d'attraction et par l'impact positif de sa présence, je choisis, malgré mes imperfections, de donner ce sens à ma vie.

Écrire et publier un septième livre sur le bonheur, ce pourrait sembler étrange en ce siècle où la violence nous montre quotidiennement son visage par l'entremise des médias. Les guerres n'en finissent pas, de jeunes révoltés surgissent dans les écoles et les universités et y font des tueries inimaginables autrefois. Est-ce que notre planète Terre et ses habitants se condamneraient eux-mêmes à disparaître sans avoir compris le respect des lois de la vie, sans avoir appris le privilège de vivre satisfait de son sort ?

Un site Internet produit beaucoup de trafic et permet un contact intime avec le grand public. Le mien ne fait pas exception à la règle. Des centaines de courriels me sont transmis chaque année et j'y réponds avec joie. Plusieurs de ces messages parlent de bonheur, ou leurs auteurs me remercient d'avoir publié ce premier livre qui vante les mérites de l'utilisation volontaire du subconscient, cet autre livre qui suggère comment surmonter les peurs et cet aide-mémoire des gens heureux. Ces personnes reconnaissantes incarnent un puissant stimulant et m'encouragent à poursuivre notre amicale communication sur la route du bien-être. D'autres, la majorité, cherchent le chemin de la joie et de la sérénité. Arrivées par hasard sur mon site, elles découvrent des pistes d'action et l'espoir de trouver la lumière au bout du tunnel. Cet espace virtuel et ces bouquins les aident à faire le premier pas sur un sentier de guérison.

Occasionnellement, certains lecteurs me parlent de leurs difficultés financières très souvent liées à une perte d'emploi ou à un manque de confiance en leur potentiel. Je ne dispose pas de grandes richesses matérielles et je ne possède pas la recette magique pour gagner à la loterie. Les outils que je propose dans tous mes livres représentent des leviers efficaces pour vous mettre en contact avec vos ressources intérieures et vos aptitudes. Le secret de l'aisance relève certainement du travail et de la persévérance, rarement des jeux de hasard.

La majorité des courriels reçus au cours des cinq dernières années concernent deux sujets bien précis qui m'interpellent particulièrement : la dépendance affective et la souffrance engendrée par la perte d'un animal de compagnie. Ces deux drames humains viennent broyer bien des cœurs, entraînent un sentiment d'impuissance et de colère et provoquent parfois des dépressions sévères. Les dépendants affectifs endurent le martyre et cherchent un moyen de se sortir de l'impasse. Ils pensent au suicide et ils passent trop souvent à l'acte. Ils ne peuvent vivre sereinement avec l'être aimé puisque leur relation déchirante les ramène sans cesse aux blessures profondes et aux carences issues de leur histoire. En même temps, ils ne peuvent envisager la rupture qui entraîne aussi un désir de mort. Un véritable cul-de-sac qui rend leur vie impossible.

Ces gens malheureux me tendent la main, demandent de l'aide. À ceux qui souffrent de dépendance affective et qui recherchent l'âme sœur, je suggère une démarche thérapeutique avec une personne qualifiée. S'offrir le cadeau de l'accompagnement représente un investissement de grande qualité, l'un des meilleurs pour s'extirper de cet enfer. J'en ai profité à trois étapes de ma vie. Ce suivi hebdomadaire m'a aidée à mieux comprendre les sources de mon dysfonctionnement et m'a aussi permis de modifier certains comportements qui entravaient mon parcours vers la sérénité. En général, deux années sont recommandées pour faire le ménage de sa tête, pour aller chercher les outils d'évolution, pour arriver à provoquer, sur le plan des émotions, les prises de conscience au cours de ce processus. Réaliser la présence d'un problème est une chose. Le régler en est une autre. Une histoire amusante illustre bien ce propos. Une vieille femme dit à une amie qu'elle ne croit pas beaucoup aux vertus de la thérapie. Celle-ci lui demande la raison de son doute. La dame, en toute simplicité, lui répond : « Je constate que si un pneu de ma voiture est crevé, cela n'aura pas comme conséquence son regonflage. » Elle voit juste et elle démontre, par cette boutade, qu'il faut effectivement nous donner du temps, non seulement pour mettre le doigt sur les causes profondes de notre souffrance intérieure, mais encore pour trouver les moyens de remplir nos poumons d'un air joyeux et optimiste.

À ceux qui ont perdu un animal de compagnie, je présente mes condoléances sincères comprenant trop bien cette terrible épreuve. Cette expérience difficile nous prépare notamment à faire face sereinement, au moment choisi par le destin, à notre propre passage vers l'autre monde et à celui de nos proches. Elle nous apprend le détachement nécessaire et les étapes à traverser lors de tous les deuils que nous devons affronter au cours de notre existence. Pour apaiser la douleur de personnes en deuil, je propose une « vision nouvelle », issue de mon vécu personnel, à la suite de la mort, en 1993, de ma chienne Soleil. Cette vision nouvelle concerne la découverte qu'un être humain jouit de la possibilité de retrouver l'âme de son animal de compagnie. La faculté dont dispose un animal de se réincarner constitue désormais une réalité pour moi, pas seulement un vague espoir né de ma souffrance ou de ma révolte. Je ne crois pas aveuglément à la transmigration. J'en ai la conviction et elle est basée sur des faits authentiques surgis dans ma vie sans même que je ne les appelle consciemment. Conviction ne signifie toutefois pas certitude absolue. Elle ne se situe pourtant pas très loin de celle-ci.

Ces phénomènes méconnus m'ont été révélés et j'ai le privilège de les partager avec d'autres, avec comme toile de fond un remède fort efficace issu de nos propres ressources et de celles des gens autour de nous. Aucun besoin d'usine pour le fabriquer, aucun besoin d'argent pour l'acheter. Cette potion magique puise sa matière première en chacun de nous. Il suffit de le chercher pour le trouver. Il est tellement accessible que l'on oublie parfois d'en parler. Il s'agit, bien sûr, de l'amour inconditionnel dont je continue de faire l'apprentissage et qui est, pour moi, source de contentement et de fécondité.

J'emprunte à Jean Vanier le mot *fécondité*, terme si approprié à cette quête de bien-être qui nous habite tous. Sans même avoir éprouvé la grâce d'enfanter, je peux maintenant connaître la joie de la fécondité par ma relation vraie et intime à la vie et par ma communication réelle avec ceux qui m'entourent, en toute simplicité. Jean Vanier l'a découvert au contact des personnes handicapées intellectuellement et il a compris, grâce à ce lien privilégié, qu'à certains égards nous sommes tous des « handicapés » du bonheur. Traquons sans relâche cet état de bien-être intangible auquel nous croyons, à tort, pouvoir accéder par la possession des biens matériels, l'amour romantique ou la notoriété.

« Le bonheur n'est pas une destination, mais une façon de voyager », déclare l'auteure Margaret Lee Runbeck. Belle vision que je partage sans hésitation.

Le jour où l'on cesse de courir pour se placer en état de réceptivité, on constate que le moment présent est essentiel et qu'il sait réconforter. On comprend aussi qu'aimer peut devenir une raison de vivre, la seule qui compte vraiment. En ouvrant son cœur à l'amour inconditionnel, on réalise un grand pas d'humanité. On apprend à accepter l'autre dans toute sa singularité sans porter de jugement. On peut désormais goûter intensément avec le cœur en mettant de côté ses yeux et ses oreilles, en refusant les préjugés. On donne sans attendre quelque chose de précis en retour. Dans la gratuité, l'amour inconditionnel fleurit librement et surprend par sa qualité et par sa grâce.

La solitude fait alors place à une rivière où l'eau de joie coule sans interruption. Le jour où l'on comprend qu'un seul dé à coudre de cette eau purificatrice est suffisant pour nous aider à remonter à la source, de fil en aiguille, pour nous permettre de nous réconcilier avec notre propre vie, nous n'hésitons plus à nous promener sur les sentiers de l'amour inconditionnel.

La plupart des gens ont subi des blessures émotionnelles au cours de l'enfance ou plus tard. Il n'existe malheureusement pas de recette magique pour cicatriser et guérir du passé. Les modestes outils que je propose ne font pas de miracles. Ils ont toutefois le mérite de diminuer la souffrance pour accéder à un mieux-être et à une certaine sérénité. La partie n'est jamais gagnée. Chaque matin, il faut se parler et se mettre en communication avec le côté positif de ses pensées.

J'ai consacré une partie de ma vie à vouloir contaminer les gens par le germe du bonheur. À l'ère des virus informatiques, c'est génial, non ?

Les quelques lignes de ce livre souhaitent vous conduire en des lieux fertiles que vous n'avez possiblement jamais explorés. Si vous avez déjà vécu des parcours similaires, elles vous réconforteront en mettant des mots sur vos expériences insolites. Je suis émue de pouvoir partager avec vous ces merveilleuses tranches de vie qui conversent joyeusement avec mon âme, qui me suggèrent d'affirmer, avec confiance, qu'elles sont source de vérité.

Je ne suis pas croyante ni athée.

Je sais.

Est-ce que ce que je sais est « la » vérité ?

Peut-être !

Est-ce que ce que je sais est « ma » vérité ?

Sûrement !

Par de courtes anecdotes relatives à des rencontres significatives, à ma vie de couple et à mon rapport privilégié avec le monde animal, j'illustre à quoi peut ressembler, au quotidien, l'amour inconditionnel. Au contact de ceux que l'on aime et à qui l'on donne de soi, on apprend à reconnaître la magie de l'amour.

Puisse ce partage vous apporter, comme dans un livre de chevet, des idées d'espoir et de renouveau, la volonté de vous offrir le voyage le plus joli qui soit, celui de l'exploration de vous-même.

Placer l'intellect en veilleuse et ouvrir grandes les fenêtres de votre flair individuel, voilà ce que je vous propose. L'intuition vit en chacun de nous. Elle ne demande qu'à se laisser apprivoiser au gré des saisons.

Message d'espoir

Le jour où vous accepterez d'écouter votre petite voix intérieure et de laisser à votre intuition une place aussi importante qu'à votre mental, vous découvrirez avec étonnement et avec joie les facultés qui vous habitent et qui ne demandent qu'à se développer.

La dépendance affective

« Vous reconnaissez vos amis à ce qu'ils ne vous empêchent pas d'être seul, à ce qu'ils éclairent votre solitude sans l'interrompre. »

« L'amour est le miracle d'être un jour entendus jusque dans nos silences, et d'entendre en retour avec la même délicatesse, la vie à l'état pur, aussi fine que l'air qui soutient les ailes des libellules et se réjouit de leur danse. »

Christian Bobin

La dépendance affective

Ceux qui m'ont transmis des courriels au cours des dix dernières années m'ont encouragée à poursuivre mon désir de partage tant par la publication de mes livres que par mon site Internet. Si je peux, grâce à mes textes, aider quelqu'un à entrevoir la lumière au bout du tunnel ou encore à faire le premier pas d'espoir vers un simple rayon de soleil, c'est formidable. Bon nombre de ces messages viennent d'individus s'étant reconnus, par la lecture de mes écrits, comme des personnes aux prises avec la dépendance affective qui leur empoisonne la vie. Mes précédentes publications traitent en effet de ce problème malheureusement répandu autant chez les hommes que chez les femmes.

Ma première suggestion à ceux qui souffrent de ce problème particulier est de consulter un spécialiste, comme un psychologue ou un travailleur social. Ces experts possèdent une formation et des techniques pour nous aider à voir clair, à cheminer et à faire des choix. Cela constitue le plus beau cadeau de vie qu'un être humain puisse s'offrir. Ne craignez pas d'aller vers un thérapeute en santé mentale. Ces derniers rencontrent au quotidien des personnes en difficulté et ils vous comprendront.

Avec une réelle prise de conscience et un travail sur nous, nous pouvons avancer et sortir de l'engrenage. L'expérience démontre toutefois que la route risque d'être longue sans accompagnement professionnel. Plusieurs approches existent pour se libérer de ce problème. Il n'y a pas qu'une voie pour se rendre au port ni un seul moyen de transport. J'ai utilisé plusieurs outils complémentaires à la thérapie pour favoriser mon éveil et me dégager de ma prison. Chacun d'eux m'a aidée à évoluer. L'un de ces chemins dont je traite en détail à la section sur mon frère Louis m'a été enseigné par lui. Il s'agit de la « rencontre avec l'enfant en soi », au sujet de laquelle une abondante littérature existe déjà et qui m'a été d'un grand secours pour arriver à la dernière marche de libération que je visais depuis toujours.

On me pose fréquemment cette question : « Deux personnes souffrant de dépendance affective peuvent-elles vivre et guérir ensemble ? » Les chances de succès d'une relation entre elles s'avèrent faibles. Choisir ce défi ne relève pas de l'impossible, mais apparaît difficile, surtout si l'attraction initiale entre celles-ci se résume à une reconnaissance de l'enfant blessé et du besoin de cet enfant d'être aimé inconditionnellement. Il est préférable de se libérer de la dépendance affective avant d'entreprendre une union. Le risque de retomber dans de vieux schémas est grand si les deux souffrent du même problème. La situation représente donc un défi de taille, mais surmontable. Le travail sur soi devrait idéalement commencer individuellement, de part et d'autre, et se poursuivre en visualisant que le sentiment amoureux et la volonté de s'engager « pour la vie » persisteront au bout du voyage.

Ma suggestion à ces personnes dépendantes se résume à écouter leur cœur et à espérer sans se fixer d'attentes précises. Apprendre à lâcher prise et à ne pas brûler les étapes serait judicieux, même s'il est difficile de ne pas connaître la fin de l'histoire. La démarche peut être comparée à celle d'une personne qui se fait soigner pour un cancer. Elle subit une chirurgie, des traitements de chimiothérapie et de radiothérapie, mais elle ne sait pas si elle vivra des récidives. Pour mettre les chances de son côté, elle évitera les occasions de réveiller la maladie, cessera de fumer, se protégera de longues expositions au soleil et elle adoptera de saines habitudes de vie. Ces stratégies utiles et efficaces ne lui donnent pourtant pas de garantie totale.

Le travail pour se libérer de la dépendance affective n'est pas facile. La vie à deux non plus. Les amoureux seront en mesure d'évaluer leur capacité à vivre une union paisible au fur et à mesure de leur cheminement respectif. Les deux êtres pourraient, par exemple, tenter l'expérience, quitte à revoir la situation tous les trois mois. Il faudrait une boule de cristal pour prévoir l'issue de cette démarche. À la sortie, les deux personnes ne sont pas tout à fait les mêmes qu'au départ. Est-ce qu'elles se choisiront à nouveau ? Mon frère Louis a relevé ce défi avec celle qui est devenue sa femme. Le chemin a été long et ils ont opté pour deux résidences au cours des premières années. Louis jouissait d'une longueur d'avance sur sa compagne. Il avait déjà commencé le travail sur lui-même avant de la connaître. Ils ont rompu deux ou trois fois, mais ils ont enfin réussi à savourer la paix et la sérénité. Ils sont mariés et cohabitent depuis neuf ans. Le couple se porte bien.

Les personnes qui souffrent de dépendance affective peuvent joindre les Dépendants Affectifs Anonymes (DAA), un organisme à but non lucratif qui œuvre dans toute la province de Québec et que l'on peut facilement trouver sur le Web. On m'a informée qu'une entreprise du même genre existe en France.

Rencontrer sur une base hebdomadaire un spécialiste formé en intervention thérapeutique permet donc de recevoir des conseils professionnels pour voir clair et arriver à prendre les décisions qui s'imposent. L'objectif de la démarche vise l'amélioration de la qualité de vie. Lui ajouter des exercices, des lectures et des partages favorise une guérison rapide.

Message d'espoir

Vous avez la possibilité de vous libérer de la dépendance affective. Le temps investi à y travailler vaut son pesant d'or. C'est un fonds de pension sur le plan moral. Une nouvelle perspective de la vie à deux apparaît lorsque j'apprends à m'aimer et que je ne crois pas que le bonheur viendra d'une autre personne.

Sagesse du dalaï-lama

« La faculté de se mettre dans la peau des autres et de réfléchir à la manière dont on agirait à leur place est très utile si l'on veut apprendre à aimer quelqu'un. »

« Il n'importe pas qu'un être soit croyant ou non : il est plus important qu'il soit bon. »

Dalaï-lama

Sagesse du dalaï-lama

À un petit groupe qui lui demandait quel pouvait être l'exercice le plus simple pour développer l'amour et la compassion dans le monde, le dalaï-lama a suggéré les quatre points suivants :

Premier point

- Passer cinq minutes chaque matin à nous rappeler que nous souhaitons tous la même chose, soit être heureux et aimés, et que nous sommes tous liés les uns aux autres.

Deuxième point

- Passer cinq autres minutes à respirer :
    - en prenant soin de nous avec amour en inspirant ;
    - en prenant soin des autres avec amour en expirant.
- Progressivement, cette pratique doit être étendue envers ceux que nous avons de la difficulté à aimer.

Troisième point

- Dans la journée, étendre cette attitude à tous les gens que nous rencontrons. Faire preuve d'un amour attentionné vis-à-vis des personnes les plus « simples » ou les plus « importantes », vis-à-vis des personnes que nous aimons ou que nous détestons.

Quatrième point

- Poursuivre cette pratique quoi qu'il arrive et quoi que l'on nous fasse. Cette pratique de l'amour attentionné peut devenir très profonde si elle s'effectue en silence, nous permettant ainsi de découvrir toute la capacité d'aimer et d'apprécier autrui qui « préexiste » en nous-mêmes.

(Source : idées venant du site « Paroles de sagesse »)

Découvrir l'essentiel de la vie

« Dans la vie [...], on se contente de faire attention à l'essentiel en négligeant le reste et on oublie que l'essentiel n'est rien d'autre que ce que l'on néglige. »

Christian Bobin

Découvrir l'essentiel de la vie

Il y a des instants incontournables dans la vie, des moments où tout semble basculer. En observant attentivement et avec un recul ces périodes de vide ou de changement, nous réalisons qu'elles furent à l'aube d'une nouvelle page de notre existence. Quand apparaît l'aurore suivie du lever du soleil, le doute fait place à la grâce de la sérénité.

Il n'est ni bon ni mauvais d'être cérébral. On est ainsi fait et on peut en tirer le meilleur parti. L'intellect est un outil fort précieux qui ne doit toutefois pas dominer une personne. Une fois l'analyse et l'étude complétées sur un sujet précis, il faut apprendre à se discipliner et recevoir par l'intuition. Tout un art que je ne maîtrise pas encore, mais que je m'applique à exercer au mieux de ma connaissance. C'est un long cheminement qui dure toute la vie. N'est-ce pas là le but de notre présence ici-bas ?

Le voyage de l'incarnation représente une expérience fabuleuse qui vient avec son lot de joies et d'épreuves. Tôt ou tard, l'être humain se demande pourquoi il est sur terre et vers quoi il se dirige. Chaque personne trouve ses réponses alors que chaque réponse peut engendrer une nouvelle question. Il faut parfois faire face à la souffrance pour mieux se connaître, mieux se comprendre et mieux s'orienter dans la vie.

Je reviens d'une longue marche en forêt avec Merlin et Soleil, mes deux golden retrievers qui ont récemment obtenu leur diplôme d'accompagnateurs en zoothérapie. J'écoutais le chant des oiseaux, le vent dans les arbres et le silence dont j'ai été dépossédée pendant cinq interminables mois. Durant cette période, j'ai en effet connu un véritable enfer avec la « visite » de bruits intenses dans ma tête ou mes oreilles. C'était un genre de grésillement de haute tension ou encore une bouilloire qui ne voulait pas arrêter de siffler. Parfois, je comparais ces sons stridents à des centaines de cigales qui se logeaient dans mon cerveau le jour et la nuit, me privant de tout repos, m'enlevant le droit à la quiétude. Je les priais de quitter ma tête et d'aller chanter ailleurs, mais elles faisaient la sourde oreille en envahissant les miennes. De la panique à la tristesse, je n'arrivais pas à accepter cette épreuve dont j'aspirais à me libérer entièrement et qui pourrait faire l'objet d'une future publication pour expliquer mon voyage initiatique dans cette pénible situation. La route a été longue et périlleuse. Ce chemin de croix représente, je le sais aujourd'hui, un cadeau pour me permettre de bien saisir le sens de la vie.

Cet après-midi-là, je me promenais donc en forêt, le cœur léger, en pensant à ces mots qui font partie intégrante du titre de ce livre, soit *découvrir l'essentiel de la vie*. En rétrospective, je constate avoir toujours utilisé trois ponts de lumière pour trouver ma voie et la « réalisation » de ma destinée. Ceux-ci constituent l'essentiel de ce livre. J'y reviendrai avant la fin de ce chapitre.

Privée du silence pendant cinq mois, j'ai compris au cours de cette période que l'on tient pour acquises tellement de belles et de bonnes choses de la vie. Certains bienfaits nous semblent naturellement dus, alors qu'ils sont en réalité un privilège dont nous prenons conscience quand nous les perdons. Au moment où ces bonheurs tout simples nous quittent par cause de maladie ou par accident, nous réalisons à quel point tout peut être éphémère, à quel point tout peut nous être retiré en un claquement de doigts.

Cette expérience m'a simultanément plongée dans une terreur et dans un état d'éveil intense. Par bonheur, des jours de répit ont régulièrement ponctué cette période. Paradoxalement, cet enfer m'a conduite à ce que je désirais découvrir et que je voulais aussi exprimer par des mots. L'essentiel de la vie, étais-je capable de le définir avant ce cauchemar ? Sans doute, mais sûrement pas avec autant de profondeur que je peux le faire maintenant. Je n'avais jamais vécu une telle épreuve et je n'avais jamais à ce point fait face à la peur de rester prisonnière d'un corps déficient. Je connais pourtant des gens qui ont surmonté cette difficulté et qui ont appris à composer avec leurs nouvelles limites physiques ou psychologiques. Je devais probablement ressentir dans ma chair cette souffrance pour mieux comprendre la leur.

J'ai fait le tour de mon jardin intérieur, reprenant contact avec mes maîtres, ceux qui m'ont aidée à me centrer tout au long de mon parcours terrestre, à découvrir le sens de mon existence en m'inspirant des choix, en m'invitant à canaliser mes énergies, à me diriger vers le bonheur avec espoir et persévérance.

J'aborde ici l'essentiel de la vie à travers quelques sujets, comme l'a fait l'auteur Khalil Gibran en nous présentant le Prophète. C'est dans la simplicité que se trouvent les plus grandes vérités, celles que l'on a envie d'apprendre et que l'on a surtout le goût d'intégrer dans son quotidien. En parcourant les mots qui suivent, vous serez parfois étonné par la facilité d'accéder à l'essentiel de la vie et vous serez sans doute stimulé à faire un pas vers cette direction qui n'est certainement pas si loin de votre réalité.

Le mot *essentiel*

Quand je prononce le mot *essentiel*, j'entends les mots *essence* et *ciel*. Définir l'essentiel de la vie passe donc par l'essence de l'être en quête d'identité. Quant au mot *ciel*, il représente un état de bien-être auquel nous aspirons tous. Le dalaï-lama parle souvent de la légitimité des humains à désirer être heureux. Il a sa propre idée du bonheur et il la répand avec succès sur toute la planète. *L'art du bonheur* demeure pour moi un livre de chevet dont chaque nouvelle lecture me fait du bien. Ce bouquin nous invite à la sérénité au quotidien dans les gestes les plus anodins.

S'éveiller à une autre dimension de notre être constitue une étape importante dans cette quête d'identité. J'ai longtemps aspiré à devenir spirituelle, à élever mon âme, à changer de niveau. J'ai un jour compris que je faisais fausse route. Tous ces efforts, je le réalise maintenant, sont inutiles et ne mènent nulle part. La seule et unique façon de prendre contact avec l'essence de notre être est de savoir qui nous sommes. Que sont les êtres humains ? La réponse à cette question est simple et grandiose. Elle change totalement la perspective et balaye d'anciennes croyances et de solides préjugés. Elle nous permet d'atteindre quelque chose de concret et de tangible par notre « ressenti » personnel. Nous sommes tous des êtres de lumière qui habitent temporairement et par choix un corps de chair, *une matière* pour employer le terme de Reine-Claire Lussier, fondatrice de l'École de vie consciente. Cette prise de conscience a engendré un impact fabuleux dans ma vie puisque j'ai enfin compris que cet être de lumière, que je suis, peut avoir la maîtrise sur la matière de son corps physique. Cette découverte a par la suite été confirmée par mes lectures sur la physique quantique. D'illustres scientifiques comme Bruce Lipton ont réussi, par leurs recherches, à réunir science et spiritualité. Ceux-ci expliquent la présence du corps énergétique et constatent que l'homme n'est plus prisonnier de ses gènes. C'est une trouvaille révolutionnaire qui renverse quelques dogmes. Avec l'étude des cellules souches, il est maintenant admis que les cellules peuvent être modifiées par leur contact avec l'environnement. On en déduit alors que la simple pensée peut avoir un impact certain sur la transformation des cellules. On arrive enfin à élucider le mystère des guérisons spontanées souvent nommées « miracles ». N'est-ce pas fantastique ? Cette connaissance engendre une tout autre attitude par rapport à la vie sur terre, où chaque seconde de conscience comporte à elle seule un potentiel de bonheur.

De nombreux conférenciers nous aident à comprendre ces phénomènes et nous offrent des outils pour avancer dans cette maîtrise de notre matière. L'important est d'intégrer ces notions et de les faire vivre concrètement dans chacun de nos gestes. La tâche n'est pas si compliquée lorsque l'on y met de la conviction, de la patience et de la persévérance.

Donner un sens à la vie

Pour donner un sens à la vie, il faut bien se connaître et agir selon ses convictions et ses valeurs. La vie prend un sens quand il y a cohérence entre nos pensées et nos gestes, quand nous pouvons chaque jour faire le bilan de notre vie en nous disant « mission accomplie ». Vivre chaque jour comme si c'était le dernier, ne prononcer que les paroles utiles et bienfaisantes et développer la compassion représentent des actes de volonté qui nous guident vers l'essentiel. La vie trouve son véritable sens dans la vie elle-même. La vie devrait se résumer à un verbe : *aimer* !

Vivre le moment présent

Combien de fois avons-nous entendu ces mots ? Mais, en saisissons-nous le sens profond ? Vivre le moment présent ne signifie pas oublier totalement le passé ou ne rien prévoir dans le futur. Si, par exemple, vous envisagez de faire un voyage lors de vos vacances d'été, vous allez agir en prévision de celui-ci. Vous achèterez peut-être un billet d'avion ou retiendrez les services d'une gardienne pour votre maison et vos animaux (c'est mon cas !). Comment alors arriver à vivre le moment présent ? Tout naturellement en pensant à chaque instant que l'être de lumière habite notre corps de chair, qu'il en a la maîtrise et qu'il est au-dessus de notre mental et de nos émotions. Cela pourra vous sembler simpliste et vous vous demanderez sans doute quelle est l'utilité d'un tel exercice. Je ne peux vous dire qu'une chose : essayez-le et vous découvrirez l'impact positif que cette unique prise de conscience aura dans votre vie. Un être de lumière ne perd pas de temps dans la discorde. Il ne se laisse pas abattre par la tristesse et le découragement. Il n'envisage pas la maladie ou le deuil avec terreur. Un être de lumière avance avec sérénité et confiance vers la joie de vivre en toute conscience. Il n'accepte plus d'être manipulé par les gourous ou les multinationales avides de pouvoir et d'argent. Un être de lumière est autonome et responsable de sa vie. En agissant de la sorte, il contribue à hausser le niveau de vibration de toute la planète. Comme une goutte d'eau dans l'océan qui a toute son importance.

Faire un avec la nature et le cosmos

La société capitaliste fait de la majorité d'entre nous des êtres individualistes. Nous comprenons difficilement que chaque être vivant fait partie d'un tout et qu'il a un impact sur le déroulement de l'Univers. Les cataclysmes écologiques de plus en plus fréquents ont commencé à éveiller les consciences. Des mobilisations pour que la Terre soit sauvée sont réalisées à peu près partout dans le monde. Ces efforts physiques doivent être conjugués avec les actions concrètes de chacun. À partir du moment où vous savez qui vous êtes, un être de lumière qui habite temporairement un corps de chair, plus moyen de faire marche arrière. Vous ne pouvez vous soustraire à la responsabilité qui vous incombe et qui doit faire partie de votre mode de vie. Les bacs de récupération et les tentatives pour diminuer les déchets sur cette planète représentent des symboles matériels du travail que chacun d'entre nous doit faire au plan spirituel. Notre mental a besoin d'être raffiné par notre ressenti, nos pensées, purifiées par la connaissance. Le chemin se trace avec un vouloir sincère et une authentique aspiration à trouver la vérité.

Lorsque vous priez, mettez-vous toujours en relation avec toutes les âmes de l'Univers qui prient à ce même instant ailleurs dans le monde. Promenez-vous dans la forêt et prenez le temps de parler aux arbres. Appréciez la chaleur et la beauté du soleil en imaginant un soleil à l'intérieur de vous.

La respiration consciente

S'il y a une chose importante à connaître, c'est d'apprendre à respirer consciemment. Pour ce faire, vous n'avez pas besoin de vous inscrire à des cours ou de vous rendre dans un *ashram* en Inde. Cet exercice est entièrement gratuit et à votre portée dès maintenant. Respirer consciemment, c'est réussir à se brancher à son cœur énergétique situé à la poitrine, c'est pratiquer l'habitude de s'observer dans l'action de respirer au lieu d'accomplir ce geste automatiquement. En effectuant cette démarche, vous comprenez qui vous êtes, soit un être de lumière qui habite un corps physique en train de respirer. Vous pouvez faire cette prise de conscience à tout moment, peu importe votre activité : vous pouvez respirer consciemment en travaillant, en lisant, en conduisant votre voiture, en écoutant un film, en mangeant et même en dormant, pour ceux qui ont développé le sommeil conscient. N'est-ce pas formidable de réaliser que l'on peut à toute heure du jour ou de la nuit être conscient ? Ce qui est encore plus fabuleux, c'est que, chaque seconde où nous sommes en pleine conscience, nous permettons à notre être de lumière de prendre de la force et de mieux maîtriser notre matière. C'est la première étape pour nous libérer du joug karmique dans lequel nous sommes enfermés depuis longtemps. Si vous avez vu le film *La matrice*, vous comprendrez que ce film illustre la réalité de l'être humain condamné à l'inconscience et manipulé par des êtres qui vivent l'expérience du pouvoir. En pratiquant la respiration consciente, on peut se dégager de cette matrice et atteindre une autre dimension de l'être. Cette nouvelle façon de respirer est aussi un redoutable antidote à la peur, à l'anxiété, au stress et même à la douleur. Elle permet à l'être de lumière de gagner sur les êtres de pouvoir qui se nourrissent de nos émotions et de nos pensées discordantes. La respiration est essentielle à la vie. En respirant par automatisme, vous assurez votre survie. En pratiquant la respiration consciente, vous assurez votre vie. La différence est remarquable.

L'entraînement méditatif

Nous pourrions penser que la méditation a pour but de nous faire gagner notre ciel ou de nous préparer à une autre vie. Il n'en est rien. La méditation touche notre vie ici et maintenant. Grâce à elle, nous pouvons atteindre un état de bien-être, car elle permet au système nerveux de se régénérer. Méditer favorise un état de calme et nous aide à conserver une stabilité émotionnelle. C'est aussi une façon incomparable de reposer notre mental toujours en mouvement et incapable de s'arrêter. Selon certaines observations sur des groupes ciblés, vingt minutes de méditation par jour durant huit semaines procurent des changements significatifs; on constate, par exemple, une hausse des émotions positives, une réduction de la tendance à l'anxiété, à la colère et à la dépression et même des réactions physiologiques, notamment sur le système immunitaire.

Sur quoi méditer ? La variété des sujets sur lesquels on peut réfléchir est infinie. L'idéal est évidemment de méditer sur de hautes valeurs humaines, comme l'amour altruiste, la compassion, la paix universelle, etc. Nous pouvons aussi méditer sur la libération des émotions négatives qui nous envahissent, sur le bonheur, sur la souffrance, sur une qualité que nous voulons développer, etc. En fait, il s'agit d'arrêter notre pensée pour au moins vingt minutes sur un sujet choisi. Tout le monde peut méditer. C'est en effet un exercice accessible à tous et, comme la respiration consciente et le chant des voyelles, il est gratuit ! Il est utopique de croire que nous devons arriver à faire le vide total de pensées par la méditation.

Plus vous essaierez de faire le vide total et plus les pensées vous envahiront. C'est une réaction normale du cerveau. Certaines personnes préfèrent laisser défiler leurs pensées sans s'attarder à l'une d'elles. C'est une autre façon efficace et simple de méditer.

La méditation peut aussi être un moment privilégié pour entrer en contact avec son guide intérieur. Certaines personnes l'appellent leur « ange gardien » et d'autres le nomment leur « sage ». Ce guide présent depuis notre naissance demeure près de nous tant que nous ne sommes pas suffisamment éveillés spirituellement pour ne plus avoir besoin de son soutien. Il est donc là pour nous aider à trouver des réponses à nos questions et à faire les bons choix.

Il n'est pas nécessaire d'avoir recours à des médiums pour entrer en contact avec notre guide intérieur. Les voyants, tireurs de cartes et conseillers ne sauront jamais remplacer votre démarche personnelle intuitive. C'est la voie par excellence pour communiquer avec son guide.

La thérapie par le son : le chant des voyelles

La musique a toujours occupé une place importante dans ma vie. Étudiante en piano pendant plus de douze ans, je ne peux imaginer ma vie sans la musique, qui a des effets thérapeutiques incontestables. On ne pourrait songer à une fête ou à une cérémonie religieuse sans accompagnement musical. Il y en a pour tous les goûts, que ce soit en « instrumental », en chant ou en musique pour la danse. Certaines musiques favorisent même la méditation et la relaxation.

L'École de vie consciente propose une thérapie par le son qui est hautement efficace. Guy Corneau, auteur et psychanalyste mondialement connu, en parle sur son blogue, et j'ai moi-même expérimenté cette approche dont je poursuis la pratique quotidienne depuis quelques mois. Je vous reproduis le texte qui explique en quoi consiste le chant des voyelles. Ce texte qui vient intégralement du site de l'École de vie consciente (www.ecole-de-vie-consciente.com) représente une information que j'aurais personnellement aimé connaître plus tôt dans ma vie. Je sais maintenant la puissance de cette approche qui, encore une fois, ne coûte rien d'autre que du temps consacré à votre bien-être :

« Les sons conscients agissent sur la matière : ils élèvent la fréquence vibratoire du corps humain et accélèrent la transmutation cellulaire, qui est à la base de l'évolution de l'humanité.

» Le chant des voyelles compte parmi les outils les plus efficaces et les plus rapides actuellement disponibles sur la planète pour élever la fréquence vibratoire de votre corps humain.

» Ce chant, pratiqué tous les jours, vous permet d'ajuster votre fréquence vibratoire à celle de la planète tout en assurant votre survie énergétique grâce à la transmutation cellulaire rapide.

» Le chant des voyelles n'est pas mélodieux : il est destiné à réveiller vos cellules. Il s'exécute avec le corps tout entier (physique et énergétique), avec détermination, dans le but de déranger la matière.

» Dans ce travail, chaque voyelle joue un rôle bien précis; chaque voyelle est une "spécialiste" dont la vibration vient accomplir un travail particulier en vous. En voici un résumé :

- A

  Cette vibration vous accompagne dans votre désir profond d'unité. Elle recentre tous vos corps énergétiques. Ainsi, vous chanterez les autres voyelles à l'intérieur de votre véhicule rééquilibré.

- È

  Cette voyelle nettoie votre système nerveux. Elle prépare votre corps physique à accueillir de plus en plus d'énergie christique, en travaillant sur le circuit électromagnétique de cette fabuleuse création que vous êtes.

- É

  C'est la vibration du choix profond. Elle vous donne accès à la programmation de votre véhicule électromagnétique. En choisissant de ne plus vous endormir, vous avez un regard de plus en plus détaché de l'évolution collective et vous prenez ainsi votre destinée en main.

- I

  C'est la voyelle de l'éveil, l'union entre les deux dimensions, entre la conscience et l'inconscience. Elle déploie vos antennes et accorde votre système de perception à la nouvelle fréquence vibratoire.

- U

  C'est la voyelle de la guérison. Elle détruit vos anciennes conceptions au fur et à mesure que vous en prenez conscience. C'est le grand nettoyeur qui fait disparaître les résidus énergétiques et qui fait de la place au renouveau.

- OU

  Cette vibration vous permet d'avoir accès à la conscience de la Terre. Toute votre matière est imprégnée de la lumière émise par Gaïa. Beaucoup plus qu'une union émotive ou mentale, c'est une connexion active : vous devenez le réceptacle des changements de votre planète.

- EU

  Cette vibration vous permet d'accéder à votre code génétique. En toute simplicité, vous pouvez le transformer en ajoutant de la lumière dans vos cellules. Vous devenez le lien entre la force divine et la matière humaine.

- O

  Avec cette voyelle, vous entrez dans une autre dimension, au-delà de la matière. Vous devez en vivre l'expérience pour comprendre. Prenez le temps de vous unir à l'amour christique en vous.

- AUM

  C'est l'expansion finale; le son de l'Univers. Vous fusionnez avec votre Univers et la source coule en vous. Vous joignant au cristal central de la Terre, vous faites entrer dans chacune de vos cellules la conscience de la grandeur de votre être.

» Le chant des voyelles peut être pratiqué seul ou en association avec des postures de yoga. C'est le yoga des voyelles : chaque voyelle est associée à une série de mouvements, de sorte que l'exercice se vit dans l'alternance des sons et des postures. Chaque élément vient renforcer le travail de l'autre.

» Le chant des voyelles comme le yoga des voyelles sont des exercices simples, mais très puissants et, dans votre propre intérêt, vous devez respecter certaines consignes lorsque vous les pratiquez. Pour vous en faire une idée, vous pouvez participer à une rencontre « intercellules » qui vous donnera l'occasion de l'expérimenter en groupe. Avant de commencer à le pratiquer, nous vous recommandons de vous procurer le livret explicatif *Le yoga des voyelles* qui vous donnera des indications détaillées. Vous pouvez aussi l'apprendre lors d'un séjour à l'École de vie consciente, ou en participant à un stage, ou en rencontre individuelle avec Reine-Claire Lussier. »

La simplicité volontaire : ne pas crouler sous les dettes

Quand on est jeune, on pense à son avenir. On veut acquérir des biens matériels pour mieux profiter des bienfaits de la vie. Cela est tout à fait légitime. Le taux d'endettement est toutefois tellement élevé dans les pays dits civilisés que les gens ne vivent souvent que pour payer leurs dettes. Comment rejoindre l'essentiel de la vie dans une telle situation ? Il n'est pas si difficile de comprendre l'importance de la simplicité volontaire et surtout d'expérimenter à quel point ce choix peut avoir des répercussions positives dans la vie. En prenant de l'âge, on aspire à voyager plus léger. On se dégage des choses inutiles et on se demande pourquoi on ne l'a pas fait plus rapidement. Ne conserver avec soi que le nécessaire ainsi que les objets matériels ayant une profonde valeur est déjà un pas dans la bonne direction.

Pourquoi ne pas faire régulièrement le bilan et se départir du superflu ? Pourquoi mettre tant d'énergie sur le paraître aux dépens de l'être ? Pourquoi vivre dans le superficiel alors que la véritable beauté réside dans le naturel ? Pourquoi cultiver la soif d'ambitions démesurées quand la vie nous demande d'être utiles aux autres ? Pourquoi courir si chaque respiration peut être la dernière ? Lorsque j'ai quitté cet emploi auquel je tenais et que j'ai expérimenté la perte du silence, j'ai regretté de ne pas avoir pris ma retraite plus rapidement et d'avoir succombé à l'attrait d'un travail rémunérateur. La santé et la paix n'ont pas de prix ! Je vais maintenant œuvrer en zoothérapie comme bénévole et j'en suis heureuse.

L'alimentation : fuir les modes et être à l'écoute du corps

Tant de choses ont été dites et écrites sur l'alimentation que l'on finit par ne plus s'y retrouver. Certains mangent en fonction de leur groupe sanguin. D'autres sont végétariens ou crudivores. Conscients que ce n'est pas idéal pour la santé, la plupart d'entre nous consomment encore de la viande. Certaines personnes plus exceptionnelles réussissent même à vivre de *prana* (souffle) et n'ont plus besoin de nourriture solide. Par ailleurs, on ne peut être certain de la qualité des produits achetés en magasin. À moins de cultiver son jardin, on doit se fier à ses fournisseurs. Le mieux est de suivre son intuition, d'être à l'écoute de son propre système digestif et nerveux. Le meilleur guide alimentaire est inscrit dans notre corps et dans nos cellules. Manger en pleine conscience ennoblit l'acte de se nourrir. En bénissant le pain, en développant la gratitude d'avoir accès à des vivres en abondance, en apprenant à mastiquer avec lenteur et calme, en favorisant un environnement agréable lors des repas, on se donne toutes les chances d'avoir un corps en santé et en harmonie avec l'âme. Les régimes alimentaires ne sont plus utiles quand on se traite avec respect et amour.

La nécessité de boire beaucoup d'eau fait toutefois l'unanimité. **Buvez beaucoup d'eau**, c'est-à-dire au moins huit grands verres par jour, davantage si vous en êtes capable. L'eau est le seul breuvage essentiel à l'organisme. Le corps humain est constitué de 60 à 70 % d'eau. Cette eau est régulièrement utilisée par nos cellules lors d'évacuations naturelles comme l'urine et la transpiration. Il faut donc nous assurer de la remplacer chaque jour. L'eau nettoie notre organisme, lui permet de se débarrasser des toxines, facilite le travail d'élimination des reins, entretient notre musculature, favorise un bon fonctionnement des intestins et nous donne de l'énergie. Nous avons donc besoin de nous hydrater abondamment tous les jours. La déshydratation est néfaste et peut être mortelle.

Choisir le stress

Le stress est une fonction « normale » de la vie de tous les jours. Il devient un problème lorsqu'il s'empare de nous et qu'il nous fait perdre la maîtrise de notre vie. Les raisons de vivre du stress sont de plus en plus nombreuses avec la vie moderne. Les hommes cherchent leur place dans une société où les femmes occupent davantage les secteurs d'emploi qui leur étaient traditionnellement réservés. Les femmes veulent s'épanouir en tant que travailleuses professionnelles, conjointes et mères. Les enfants font face à des exigences scolaires élevées et à des prouesses sportives de plus en plus spectaculaires. On dirait qu'il n'y a plus beaucoup de place pour le plaisir et la joie de vivre. Tout est matière à évaluation, à concurrence et à performance. Les épreuves de la vie peuvent aussi être source de stress si la personne qui reçoit le coup n'y a pas été adéquatement préparée. La mort, à titre d'exemple, fait partie du quotidien des bouddhistes qui la considèrent comme une étape normale de la vie qu'ils préparent tout au long de leur existence. Dans nos sociétés occidentales, la mort est occultée et même repoussée comme la peste. Cette notion de bonheur a quelque chose de faux en ce sens qu'elle exclut délibérément toute souffrance et toute contrariété. Cette façon d'envisager le bonheur ne peut que produire du stress, car elle n'est pas réaliste. Vouloir la perfection conduit souvent l'être humain à la dévalorisation et parfois à la dépression. Par ailleurs, la recherche de la plénitude est garante d'épanouissement et de sérénité. En se fixant des objectifs de vie, en acceptant d'investir de l'énergie dans un travail ou un projet, on choisit son stress avec certaines contraintes et des efforts à fournir, mais dans une juste dose. Apprenons à dire non à des stress inutiles : le téléphone cellulaire de chaque instant, les médias sociaux trop envahissants, les heures supplémentaires au travail sur une base régulière, les cartes de crédit trop utilisées, le manque d'exercice physique et de sommeil, les conflits personnels, la présence de bruits environnants trop élevés, le manque d'hygiène de vie. Le choix nous appartient : dire oui au bon stress et non à celui qui nous est imposé.

La créativité et l'émerveillement

La créativité représente une source naturelle de bonheur. Quant à l'émerveillement, c'est cette capacité de voir la vie avec la joie du cœur et de sourire à notre environnement dans une redécouverte perpétuelle du connu. Faut-il être un savant ou un grand artiste pour créer ? Bien sûr que non. Chaque fois que vous décidez de traduire une idée en geste concret, vous créez quelque chose. La créativité résulte parfois d'une nécessité, mais très souvent elle est associée au plaisir d'imaginer, d'inventer et de bâtir. Je remarque à quel point je suis heureuse dans le processus de rédaction d'un livre ou même dans celui de cuisiner une nouvelle recette. Est-ce qu'il faut être enfant pour s'émerveiller ? Absolument pas. Créativité et émerveillement sont indissociables dans la quête du bonheur et de l'essentiel. En gardant notre esprit curieux et ouvert, nous ne risquons jamais de nous ennuyer. Alexandre Jollien, philosophe et écrivain né en Suisse, souffre d'un handicap sévère de naissance. Il est né avec le cordon ombilical autour du cou, ce qui a entraîné une infirmité motrice cérébrale. De trois à vingt ans, il vécut dans une institution spécialisée pour personnes handicapées. Lorsque l'on voit Alexandre pour la première fois, on pourrait rapidement imaginer qu'il s'agit d'un homme retardé mentalement. Son débit de parole est lent et sa prononciation n'est pas parfaite. Des spasmes incontrôlables font bouger son corps. Quand on prend le temps de l'écouter et de le lire, on réalise qu'Alexandre Jollien jouit d'une intelligence vive et qu'il a un formidable sens de l'humour. Alexandre a compris que son handicap était une prison dont il pouvait sortir par la puissance de son esprit créateur et par son aptitude à accéder à l'universalité qui se cache derrière les choses les plus anodines de la vie. Il admet avec authenticité que la joie de vivre qui lui est précieuse lui échappe parfois. Il admet aussi que les passions humaines l'envahissent occasionnellement et qu'il doit se centrer pour ne pas glisser dans la déprime. Malgré son handicap, il est devenu philosophe, écrivain et conférencier. On lui a donné la chance de se faire entendre et il a su la saisir.

En sortant de nos dogmes, de nos préjugés, de nos certitudes pour laisser place à la créativité et à l'émerveillement, nous touchons l'essentiel dans notre rapport à l'autre.

Mes trois ponts vitaux vers l'essentiel : les gens, la nature et quelques objets

La célèbre phrase « [...], l'enfer, c'est les Autres » tirée de la pièce *Huis clos* (1944) du philosophe français Jean-Paul Sartre est bien connue de tous. Interrogé à propos du sens de cette phrase, Sartre explique ce qui suit : « [La phrase] "l'enfer, c'est les Autres" a toujours été mal comprise. On a cru que je voulais dire par là que nos rapports avec les autres étaient toujours empoisonnés, que c'étaient toujours des rapports infernaux. Or c'est autre chose que je veux dire. Je veux dire que si les rapports avec autrui sont tordus, viciés, alors l'autre ne peut être que l'enfer. Pourquoi ? Parce que les autres sont au fond ce qu'il y a de plus important en nous-mêmes pour notre propre connaissance de nous-mêmes. » Cette mise au point de l'auteur remet les pendules à l'heure. L'enfer vient souvent de soi et pas des autres.

En octobre 2003, Jacques Salomé, psychosociologue et écrivain, publiait *Heureux qui communique* dans lequel il souligne l'importance de la communication et des relations humaines. L'histoire de la littérature et l'histoire tout court nous permet de comprendre que l'homme est un être essentiellement relationnel qui a besoin des autres pour exister.

Au fil du temps, j'ai saisi que l'essentiel réside à proximité de nous, dans notre quotidien. Comment s'épanouir sans entrer en communication avec les autres ? Comment être heureux sans apprendre à donner et à recevoir du bonheur autour de soi ? Où trouver cet essentiel si ce n'est au contact de ces personnes que nous avons le privilège de côtoyer, de ces animaux qui nous guident par leur sagesse et de cet environnement que nous créons à notre image. Ma vie est tissée de fils d'amour et d'amitié qui ont plus de valeur à mes yeux que tous les biens matériels, aussi luxueux soient-ils.

Dans la solitude et le recueillement, l'ermite arrive aussi au nirvana par un autre chemin. Cette approche mystique n'est pas à la portée de tous. Celui qui s'isole n'est pas toujours sur la voie de la sainteté. La fuite de nos pairs et celle du sain affrontement ou du compromis démontrent souvent un mal de vivre qui pousse au retrait. C'est au contraire à la rencontre des autres que nous croisons l'image de Dieu à travers nos échanges constructifs.

Il en faut du temps pour comprendre et encore davantage pour apprendre à apprécier cet essentiel que le *Petit prince* disait invisible pour les yeux. Réussir à aimer du plus profond de son cœur, vivre la rencontre des gens et des quadrupèdes sans préjugés ni attentes conduit à savourer l'existence de son vrai soi. On se dépouille alors des soucis anodins pour entrer dans une lumière chaude et réconfortante. On arrête de courir après l'inaccessible étoile pour ouvrir son âme à chaque être vivant, peu importe son rang social, son âge, sa couleur ou son espèce.

Des êtres, parfois des choses, marquent notre chemin, et j'ai éprouvé une joie intense à les revisiter en écrivant ce livre. En portant mon regard sur l'essentiel, j'ai retrouvé ces gens, ces animaux et cet environnement qui m'ont façonnée et inspirée. Sans eux, je ne serais pas devenue celle que je suis, sans eux, la vie n'aurait pas la même saveur. Je parle d'eux avec simplicité dans l'espoir de susciter en vous la curiosité de découvrir vos propres trésors de vie, ceux qui peuvent vous aider à comprendre le mystère de l'amour et le privilège de la communication. Je fais enfin le vœu qu'après avoir lu sur eux et vu leur photographie, vous aimiez aussi ces personnes, ces animaux et ces objets que j'ai le bonheur de connaître.

Avant de plonger dans le cœur de ce livre et de partager avec vous ces histoires de *ma petite vie*, je vous offre de magnifiques pensées d'auteurs. Choisies pour leur pertinence dans le présent contexte, elles me touchent profondément :

« L'humanité est fondamentalement faite de rencontres. »

Abderrahmane Sissako

« On se demande parfois si la vie a un sens. Puis, on rencontre des êtres qui donnent un sens à la vie. »

Brassaï

« Quand on possède le goût des gens exceptionnels, on finit toujours par en rencontrer partout. »

Pierre Mac Orlan

« Si vous n'avez aucune relation avec la nature, alors vous n'aurez pas de relation avec l'homme. Les champs, les forêts, les rivières, les arbres, toutes les merveilles et beautés de la terre, c'est la nature. Si cela ne vous dit rien, alors nous ne pourrons jamais avoir de relation les uns avec les autres. »

Krishnamurti

« Il y a, au cours de l'existence, des rencontres imprévues et singulières, où bien des faits se produisent. En apparence, ils sont anodins et auront été les dons du destin. »

Hector Bianciotti

« Au lieu de voir les choses comme vous les imaginez, apprenez à les voir comme elles sont. Quand vous pourrez voir chaque chose comme elle est, vous vous verrez également comme vous êtes. »

Sri Nisargadatta Maharaj

« Tu peux te plier à toutes sortes de pratiques spirituelles. Si dans ton cœur tu n'es pas capable d'amour pour tous, tu ne progresses en rien. »

Chandra Swami Udasin

Message d'espoir

L'essentiel de la vie se trouve à portée de la main. Les instants magiques se révèlent par chaque seconde de conscience dans notre rapport avec nous-mêmes et dans notre contact avec l'autre. Soyons heureux de l'intérieur, simplement pour la joie d'être.

DEUXIÈME PARTIE

Des gens d'exception

« L'extraordinaire se trouve sur le chemin des gens ordinaires. »

Paulo Coelho

Des gens d'exception

Les mots *gens d'exception* évoquent souvent d'illustres personnages connus et reconnus par des milliers d'autres individus sur la planète. Ceux-ci jouissent d'une notoriété en raison de leur talent, de leur héroïsme, de leurs découvertes ou de leur génie. Musiciens, scientistes, sportifs, chercheurs ou poètes, ils goûtent au privilège de sortir de la masse et de voir leur nom inscrit dans l'histoire d'un pays ou même dans celle de l'humanité entière. Le film *Un homme d'exception* relate la vie du grand mathématicien John Nash qui a reçu un prix Nobel d'économie. Souffrant d'un sérieux problème de schizophrénie l'entraînant très loin de la réalité, monsieur Nash a pourtant réussi à surmonter cette grave maladie et à prendre une place active dans la société. Certaines personnes sont hautement considérées pour leurs possessions et le pouvoir que leur confèrent leurs avoirs. Les gens riches et célèbres servent bien la manchette.

D'autres individus font occasionnellement parler d'eux par des actes négatifs et répréhensibles. Selon un sondage annuel de La Presse canadienne effectué auprès des médias du pays, Russell Williams, ex-colonel des Forces canadiennes condamné à la prison à vie pour le meurtre de deux femmes, a été reconnu comme la personne ayant le plus marqué l'actualité en 2010. Appelé à atteindre les plus hauts rangs de sa profession, on retient maintenant de cet homme qu'il est un criminel, un violeur et un psychopathe sans scrupule.

Les gens d'exception dont il est question dans ce livre ont aussi un certain impact positif sur leur entourage et sur la société. Édifiantes sources d'inspiration, ces personnes nous donnent l'exemple de détermination et de combativité. Par ailleurs, elles ont toutes eu un impact certain dans ma vie. Avant d'écrire à leur sujet, j'ai sollicité leur permission et je leur ai soumis mon texte pour éviter les faux pas. Même de bonne foi, je pourrais avoir dit quelque chose qui, de leur point de vue, ne correspondrait pas à la réalité. Une fois le tout publié, il aurait été difficile de faire marche arrière. J'aurais aimé leur réserver l'effet de surprise en leur offrant un exemplaire autographié de ce livre, mais j'ai pensé agir avec prudence en leur demandant une approbation préalable. Aucun ne s'est fait tirer l'oreille et tous ont bien compris le but de ma démarche. Il y a toutefois une exception parce que cette dame est décédée depuis longtemps. J'ai cependant bien senti en mon cœur qu'elle me donne son accord pour que je puisse vous parler d'elle et de sa présence positive dans ma vie. Il s'agit de la petite Thérèse de Lisieux envers qui j'ai une dévotion toute particulière.

D'autres trouveront peut-être un jour leur place dans un prochain livre. Jean Vanier est l'une de ces personnes qui me touchent et que j'écoute avec attention et grande joie. Son charisme unique et sa capacité à défendre les personnes handicapées mentalement se démarquent dans une société plus matérialiste que spirituelle. Christiane Singer et Christian Bobin, auteurs français dont l'écriture magnifique est pour moi source d'émerveillement, sont des gens d'exception. Je songe aussi à Marie-Claude Lavallée et à Mireille Dumas, animatrices dotées d'une fine psychologie, dont la profondeur des entrevues dévoile leurs invités avec un savant dosage d'audace et de pudeur. Certains individus méritent le qualificatif d'exceptionnels. Il suffit de poser notre regard et de tendre une oreille attentive pour découvrir leur présence dans notre entourage.

En acceptant de partager notre vécu avec les autres, nous nous offrons un cadeau. La grande chaîne humaine dont nous faisons tous partie est constituée de maillons. Chaque maillon revêt son importance comme chaque goutte de l'océan et chaque grain de sable du désert.

Mon ami Olivier a un jour publié sur sa page Facebook une magnifique citation de mère Teresa : « Nous réalisons que ce que nous accomplissons n'est qu'une goutte dans l'océan. Mais, si cette goutte n'existait pas dans l'océan, elle manquerait. » Cette citation de mère Teresa trouve sa résonnance en moi. Si nous devenons conscients que cette goutte a sa raison d'être, le sens de notre vie prend une tout autre perspective. L'union fait la force, les gouttes réunies font l'océan.

Mon prince charmant : Pierre ou Micheline ?

« Aimer quelqu'un ne relève pas seulement de la puissance du sentiment, mais d'une décision, d'un jugement, d'une promesse. »

Erich Fromm

Mon prince charmant : Pierre ou Micheline ?

Après quelques décennies de rêve, il est arrivé. Libérée de la dépendance affective, décidée à vivre avec mes animaux de compagnie, n'attendant plus le sentiment amoureux sans toutefois le rejeter, je l'ai enfin rencontré. Qui aurait pu imaginer un tel scénario après avoir dit haut et fort que je n'espérais plus un homme pour partager mon quotidien ? Mes guides m'ont sans doute trop bien écoutée puisqu'ils mirent sur ma route un être très spécial qui s'interroge sur son identité et qui a l'audace de se déclarer publiquement comme une personne transgenre. L'union stable qui comble le désir d'aimer ainsi que le goût de bâtir un couple épanoui se présentaient au carrefour de nos deux vies.

Un événement médiatisé, des entrevues à la télévision et à la radio, des articles dans les journaux ne m'ont pas ébranlée. Notre mariage célébré le 13 septembre 2003 a fait couler beaucoup d'encre et a suscité des réactions diversifiées. Les quelques pages de ce livre résument douze années de cette alliance heureuse malgré sa marginalité. Elles témoignent aussi de la possibilité, pour un individu, de passer outre aux commentaires désobligeants et aux railleries. Les photos que mon conjoint a accepté de publier pour compléter notre histoire me permettent enfin de vous montrer le côté que je préfère de mon prince charmant, celui que j'ai toujours affectueusement surnommé mon « Beau grand Viking ».

Qui, au Québec, n'a pas entendu, un jour ou l'autre, parler de Micheline Montreuil ? Avocat, professeur et homme d'affaires connu, Me Pierre Montreuil s'est transformé, à la surprise de tous, en grande Micheline. Bataille contre le directeur de l'état civil, congédiement d'un collège où il œuvrait loyalement comme enseignant depuis vingt ans, implication dans la défense des groupes minoritaires et bien d'autres combats constituent le lot quotidien de Pierre alors que ce dernier est officiellement disparu au fond de la garde-robe. Les activités de Micheline ont fait l'objet de reportages à la télévision et dans les journaux. Elle a même son propre site Internet facile à trouver. Pour les transgenres de la planète, elle est devenue une référence, une source d'information et d'inspiration. Son mémoire de décembre 1999 portant sur la reconnaissance de l'identité sexuelle à titre de motif de discrimination illicite au sens de la Loi canadienne sur les droits de la personne a porté des fruits.

Mais, qui connaît Pierre le magnifique ? Peu de gens. Ceux qui ont côtoyé mon amoureux avant sa métamorphose en Micheline ont profité de cette chance. Enfant surdoué, il commence seul à lire et à écrire dès l'âge de quatre ans avant d'entrer à la maternelle. À l'adolescence, il se passionne pour la natation et le plongeon de compétition. Il fait ensuite l'apprentissage de cinq instruments de musique tout en poursuivant son « cours classique ». Après avoir terminé une formation de juriste, la curiosité intellectuelle le conduit à la Sorbonne en relations industrielles. L'un de ses professeurs, que nous rencontrons parfois à Paris, me confia un jour que Pierre s'était démarqué comme l'élève le plus brillant de sa classe. Il possède aussi une maîtrise en administration des affaires (MBA), une attestation d'études supérieures de la *common law* et en ressources humaines ainsi qu'un brevet d'enseignement et un baccalauréat en éducation. Je suis persuadée d'en oublier !

Mon amoureux ne recule devant aucune occasion pour faire le grand seigneur. Il aurait certainement pu s'orienter vers une carrière théâtrale. Adepte de vêtements d'époque, il ouvrit à Québec une boutique où il commandait à son couturier des reproductions identiques de somptueux habits ayant appartenu à des rois célèbres. On connaît Pierre Montreuil en observant son plaisir pour le jeu et le déguisement. Il a conservé plusieurs de ses flamboyants atours et n'hésite pas à se métamorphoser quelques heures en Édouard VI ou en Henri VIII. Vous devinerez aisément que je ne favorise pas le port du costume de ce dernier songeant au sort terrible de ses nombreuses conjointes et concubines. C'est en quelque sorte le « Barbe bleue » du XVIe siècle. En riche prince ou en soldat, en inquisiteur ou en dame sophistiquée, Pierre-Micheline ne modifie pas la beauté de son âme, la noblesse de son cœur et la droiture de ses actes. Il m'apparaît comme un être curieux de tout comprendre, de tout apprendre dans le plus grand respect de son entourage. Il aime les gens sans avoir besoin d'une vie sociale active et intense. Plongé dans ses centaines de livres et de films, il est heureux de se retirer des heures dans ses quartiers. Malgré la perte de son emploi comme éducateur au collège, il a continué de se consacrer à sa passion pour l'enseignement comme chargé de cours à l'université. Ses élèves le considèrent comme un professeur intéressant et compétent. De plus, il poursuit son travail d'avocat plaidant, défendant les causes qu'il croit justes et qu'il pense en toute honnêteté pouvoir gagner. À cet égard, il m'impressionne.

L'amour représente une valeur que je chéris. Plus jeune, j'étais très romantique et fleur bleue. Je le resterai sans doute un peu. Mon cheminement tissé d'espoirs et de désillusions ne fut certes pas monotone. Après un long périple, la vie m'a démontré que je pouvais trouver chaussure à mon pied. Au début de nos fréquentations, durant la période de grande passion des premières années de notre union, mon compagnon a comblé mes aspirations sentimentales. Son imagination débordante lui suggérait toutes les fantaisies pour m'éblouir.

« La vie n'est pas un jardin de roses », disent les uns. « La passion ne dure pas », ajoutent les autres. On ne peut savoir de quoi demain sera fait. Éternelle optimiste, je nourris pourtant la conviction qu'*amour* rime avec *toujours*. En mettant de l'eau dans son vin et en s'offrant des petits plaisirs quotidiens, certains couples relèvent avec succès le pari du chemin le moins fréquenté.

J'abordais déjà cette question dans *Le courage d'être heureux* publié en 1999 : « Les plus grandes peines d'amour, que l'on vive seul ou en couple, viennent souvent des attentes non satisfaites et des impressions de rejet. Aimer sans rien attendre, apprendre à laisser le sentiment amoureux nous envahir et nous habiter sans nous détruire, vouloir être une meilleure personne simplement parce que l'être aimé fait naître en nous le goût du dépassement est quelque chose de merveilleux. Nous avons été conditionnés à vivre l'expérience du couple d'une façon traditionnelle, et nous ne nous demandons même pas si c'est la seule qui est digne d'intérêt. La plupart des gens renoncent à un sentiment amoureux et le remplacent par un autre. Ils vivent donc une succession de chocs amoureux et de ruptures sans se donner la chance de vivre l'engagement. Dès qu'un obstacle survient ou que le partenaire ne réussit pas à combler leurs besoins, ils prennent la clé des champs. Pourtant, si le choix d'investir dans une relation ne résulte pas d'un vide à combler ou d'une blessure à cicatriser, la perspective n'est vraiment plus la même. On peut ainsi continuer d'aimer sans peur du rejet et surtout sans attentes particulières. En fait, l'amour et le sentiment amoureux nous appartiennent. Personne, même l'être aimé, ne saurait nous en priver. On est vraiment le seul gestionnaire de ce trésor unique. C'est une expérience étonnante, mais tellement enrichissante. »

Coup de foudre

La rencontre avec Pierre est survenue à un bon moment dans ma vie. Plus tôt, je n'aurais probablement pas été en mesure d'apprécier à sa juste valeur cette personne exceptionnelle pour qui j'ai ressenti, au premier contact, un véritable coup de foudre.

Depuis le début de notre histoire, j'ai participé à plusieurs entrevues à la radio et à la télévision avec mon conjoint. Je n'ai toutefois pas saisi l'occasion d'écrire sur lui, sur nous, malgré toutes les demandes qui m'ont été présentées à ce sujet. Je le fais aujourd'hui afin de dire aux gens qui vivent des situations marginales qu'ils ont droit à leur différence. Avec le présent livre, je m'explique. Je veux ainsi exprimer ma démarche et révéler ce qui pourrait, *a priori*, paraître difficile à comprendre, voire absurde.

Venez donc avec moi au pays d'un être extraordinaire qui a choisi une transformation au prix de nombreux sacrifices. Pourrait-il faire marche arrière et retourner vers le beau Pierre ? Qui est sa personne véritable ? La saga de Pierre et de Micheline a fait irruption dans ma bulle.

Depuis ce temps, l'ouragan a fait place à une réalité que je ne pouvais même pas imaginer possible. Au-delà des apparences et des préjugés, j'ai entrepris d'accepter avec confiance cette étonnante surprise que la vie m'offrait, soit un cadeau inattendu, inespéré.

Petite histoire écrite il y a douze ans

Il était une fois un petit prince, si « charmant » qu'une simple gazelle en devint amoureuse ! Elle avait pour nom « Michèle Morgan ».

Le prince travaillait sans relâche sur son ordinateur en conservant bien précieusement sa fleur sous verre. Il savait pourtant qu'elle avait besoin d'oxygène. Un jour, il décida de soulever la cloche de verre pour lui parler : « Ma belle rose, ma gazelle sautillante, souffres-tu d'être ainsi enfermée sans pouvoir me parler ?

– Mon amour adoré, je suis certes sous une cloche de verre, mais je peux quand même respirer. Ce verre sous lequel je suis cachée a de très belles propriétés : il me permet de voir à l'extérieur, de me conserver intacte et de me préserver des intempéries. »

La belle rose, fière de sa situation privilégiée, ajouta : « D'où je suis, la vue est imprenable; j'y vois ta belle chevelure bouclée, tes épaules légèrement courbées et tes jumelles fessières bien rembourrées! Je t'entends suer et grommeler, mais aussi glousser de contentement quand tu as trouvé. »

Le beau prince ému, mais rassuré, la regarda d'un air attendri : « Et si tu prenais place sur mon "ordi", ce serait quand même chouette, dis ? »

Un beau jour de février 2000, je consulte une série de messages réservés aux membres du club Macintosh et le nom de « Micheline Montreuil » attire mon attention. D'abord intriguée par le fait que celle-ci porte des initiales identiques aux miennes, je décide de lire le résumé de Micheline Montreuil disponible sur le site de ce même club. Je découvre alors qu'elle travaille comme avocate et animatrice de radio. De plus en plus curieuse de savoir qui elle est, je lui transmets une courte missive et lui demande quelle région elle habite. Je reçois rapidement une bonne dizaine de pages sur le parcours de notre « transgenre » nationale. Dès lors, j'apprends tout sur Pierre-Micheline Montreuil, y compris sa date de naissance, car il n'est pas avare de mots pour expliquer son vécu inusité.

Je ne lui écris pas immédiatement. Je choisis plutôt de joindre mon amie Mireille au téléphone pour l'interroger au sujet de ce personnage pour le moins étrange. Pour la toute première fois, je me trouve en contact avec un homme qui s'habille avec des vêtements féminins. Mireille me dit que Micheline est très connue non seulement à Québec, mais également dans toute la province. Flairant les complications, je songe d'abord à ne pas poursuivre la communication lorsqu'un détail attire mon attention. Pierre Montreuil est né le 7 juin 1952, ce qui, en numérologie, donne un chemin de vie 3 ou plus précisément 30/3. Exactement la même combinaison que moi. Hum ! il n'y a pas de hasards. Que des rendez-vous. Pourquoi ne pas répondre à Micheline pour vérifier si elle souhaite coanimer une émission avec moi.

Ce simple courriel a fait basculer toute mon existence.

Notre première rencontre dans un restaurant de Québec deumeure pour moi inoubliable puisque j'y ai ressenti un véritable « coup de foudre ». Je le vois encore avec son grand manteau noir, son chapeau de fourrure noire, style docteur Jivago, et ses exceptionnels yeux bleus. Je n'ai pas du tout le sentiment d'être en présence d'une femme. J'ai plutôt l'impression de faire la connaissance d'un beau grand Viking.

Cette première impression ne s'est jamais démentie. Douze années après ce contact initial, ce surnom lui est resté et je ne me suis jamais perçue comme la conjointe d'une personne de genre féminin. Moins d'un mois après ce premier tête-à-tête, je fréquente assidûment Pierre Montreuil tout en étant, pour l'entourage, au bras de Micheline.

Aimer quelqu'un de différent

Chacun possède son style et, en ce sens, se distingue des autres. Il n'y a pas de gens ordinaires. Nous sommes tous extraordinaires pour ceux que nous chérissons et qui nous portent dans leur cœur. On doit cependant admettre que certains se démarquent par leur apparence ou par certains traits de leur personnalité. Ceux qui souffrent d'une malformation physique, par exemple, peuvent difficilement passer inaperçus. Ayant appris mon lien avec mon amoureux, l'animatrice et sexologue bien connue Louise-Andrée Saulnier propose, le 30 avril 2000, de nous recevoir à son émission de télévision pour traiter du thème suivant : « Aimer quelqu'un de différent. »

Madame Saulnier invite alors les téléspectateurs qui se considèrent dans une situation marginale à communiquer avec elle, par téléphone, pour lui faire part de leurs problèmes. Elle leur demande d'expliquer comment ils survivent dans ces circonstances particulières. Les appels ne tardent pas. Personne de petite taille, conjointe d'un homme de race noire et individu en relation homosexuelle partagent leur vécu complexe, parfois cruel, ne manquant cependant pas d'un humour qui caractérise fréquemment les gens anticonformistes. L'émission a un tel succès qu'on la diffuse à différentes occasions en reprise.

La plupart des intervenants expriment leur admiration pour notre courage à nous fréquenter sans nous cacher. De mon côté, je préfère traverser au grand jour la réalité la plus ardue plutôt que de la vivre secrètement. *Le goût d'être heureux*, l'une de mes publications, consacre tout un chapitre à la clandestinité. Ex-prisonnier, personne atteinte de maladie physique ou mentale, individu au sein d'une union amoureuse particulière, peu importe la situation, l'ombre issue de la contrainte empoisonne l'existence. Dans ce livre, je propose justement des pistes d'action pour échapper à cet enfer. Quant à Micheline, elle a décidé de sortir de la garde-robe, mais la réaction des autres a été catastrophique.

Le regard des autres

Vivre en société implique des normes, des règles, des coutumes. La marginalité, volontaire ou accidentelle, entraîne fréquemment la réprobation et le rejet. Il y a quelques décennies, les gens de couleur et les personnes handicapées pouvaient difficilement gagner leur place au soleil. Fort heureusement, les temps ont changé. Mais, que penser de ceux dont l'orientation sexuelle est différente ? Ont-ils moins de valeur que les autres ? Il est maintenant reconnu par les chartes des droits et libertés de la personne que tous naissent égaux et devraient jouir des mêmes privilèges, indépendamment de leur origine ethnique ou de leur orientation sexuelle. Les lois ont été modifiées en ce sens pour que cesse la discrimination. Quant aux individus en questionnement sur leur identité féminine ou masculine, ils sont perçus avec une méfiance encore plus grande.

Ma fréquentation avec Pierre-Micheline a évidemment créé un émoi dans mon entourage immédiat. J'ai tout de suite ressenti une certaine hostilité et une méchanceté à peine contenue de la part de plusieurs personnes, mis à part quelques amis proches. Commencer une nouvelle relation n'est pas facile pour personne. Entreprendre une histoire amoureuse avec un beau grand jeune homme de six pieds qui a choisi de vivre sous l'apparence d'une femme et qui veut, de surcroît, ajouter officiellement à ses prénoms ceux de Micheline Anne Hélène n'a pas été de tout repos. « Il est complètement cinglé », me disaient les uns. « Tu perds ton temps », prétendaient les autres. Des gens ont même pensé que je compromettrais ma réputation si j'étais vue publiquement avec Pierre. Quelle horreur et quelle honte pour moi ! Pour ces personnes, je m'exposais à gros et elles me conseillaient de changer de route, au risque de le regretter amèrement. Auteure déjà connue, je pouvais aussi perdre une partie de mes lecteurs pour cette union marginale et difficile à comprendre.

Entêtée, comme d'habitude, je mis de côté l'opinion des uns et des autres pour mieux me concentrer sur ce que la vie m'offrait. J'ai cependant reçu le soutien inconditionnel de mon frère Louis, qui avait suffisamment confiance en moi et en mon jugement pour ne pas me suggérer de fuir comme un lapin en panique. Mon amie Mireille m'a également soutenue tout au cours de cette étonnante aventure, me rappelant à quel point j'avais été déçue par le passé et me faisant remarquer, à juste titre, à quel point mon amoureux m'apportait la joie de vivre malgré son apparence « très » spéciale. Oui, j'étais heureuse, me répétant que l'homme sans défaut n'existe pas. J'étais moi-même imparfaite, alors pourquoi ne pas accepter ce que la Providence m'offrait avec son plus beau sourire, surtout après avoir clamé avec sincérité qu'après mon âme sœur, il n'y aurait plus un homme dans ma vie ?

Quelle histoire ! Nous prétendrons ensuite que nous pouvons dire n'importe quoi sans que cela nous retombe sur le nez...

Outre ses préférences vestimentaires discutables, je découvrais le trésor caché en ce compagnon non traditionnel. Il était supérieurement intelligent. Une véritable encyclopédie sur deux pattes dotée d'habiletés manuelles ! Et il faisait fréquemment preuve d'un bon sens de l'humour. Plus j'apprenais à le connaître et à apprécier ses talents multiples, plus j'en devenais amoureuse. Évidemment, je ressentais un grave problème existentiel : je le percevais comme un homme alors que lui, depuis quelques années, se présentait différemment. Je précise, puisque lui-même fait souvent cette mise au point, que mon conjoint est hétérosexuel et qu'il a toujours fréquenté des femmes. Sa manière de vivre ne résulte donc pas de son orientation sexuelle.

Pour mieux comprendre l'expérience dans laquelle j'étais plongée, j'ai communiqué avec des conjointes dans ma situation. Par cet échange, j'ai constaté que la plupart de celles-ci préfèrent leur partenaire habillé avec des vêtements masculins et qu'elles acceptent toutefois des compromis et des accommodements raisonnables. Certaines approuvent les tenues féminines dans la plus stricte intimité ou lors de fêtes d'Halloween, mais elles ne toléreraient pas d'être ainsi vues publiquement. Pour d'autres, c'est l'inverse.

Pour moi, c'est nettement plus facile de partager chez moi ma vie avec mon amoureux et d'accompagner Micheline à l'extérieur. Cela n'a jamais fait l'ombre d'un doute en mon esprit. « Honni soit qui mal y pense », comme disait mon grand-papa. Ayant bien compris que le fait de conserver un corps masculin ne constitue pas une incompatibilité avec une identité féminine, j'ai été rassurée à cet égard.

Avec Micheline, je m'imagine parfois jouer dans une pièce de théâtre. Le seul problème, dans notre cas, c'est que le rideau ne tombe pas souvent, du moins, à l'extérieur du foyer. Par contre, lorsque je retrouve mon Beau grand Viking, à la maison ou en voyage, j'oublie le spectacle et je sens « ma » réalité. De toute évidence, celle de Pierre diffère de la mienne. Cette constatation m'a conduite à une grande interrogation au début de notre relation. Une telle union pouvait-elle survivre si nos perceptions d'une même réalité étaient à ce point opposées ? Cela m'a donné l'idée de consulter une amie psychologue en compagnie de Pierre-Micheline. Au bout de quelques rencontres, je conclus que je devais me résoudre à accepter sans comprendre, à prendre le *package deal* comme on dit, ou à m'éloigner de cette complexité.

Vivre un coup de foudre ébranle, peu importe l'âge de la personne qui a reçu la flèche de Cupidon. Je n'ai pas dérogé à la règle. Tout a été envoûtant, mais si essoufflant.

En écrivant cette page de ma vie, j'ai délibérément choisi de retourner en arrière pour revoir des lettres transmises à mon amoureux alors que notre relation venait à peine de naître. La lecture de ces dernières a suscité certaines émotions particulières que je partage avec vous. Douze ans plus tard, je peux commenter celles-ci avec un regard neuf et dégagé de toute crainte.

L'expérience passée m'a démontré, à la suite de la publication de mes livres, que les êtres humains se ressemblent et traversent souvent des drames similaires. Je souhaite que ces extraits vous permettent de mieux saisir certaines réalités en dépit de leur complexité. J'ai sans doute les mêmes réactions que quiconque à l'égard de Pierre-Micheline Montreuil, bien que je sois sa conjointe, que je le connaisse davantage et que je l'aime. Il y a des choses auxquelles on ne peut jamais s'habituer avec toute la bonne volonté du monde. J'ai longtemps attendu pour écrire ce constat. Je sens que c'est légitime de ma part d'affirmer, sans l'ombre d'un doute, que je suis amoureuse de Pierre et non de Micheline.

Lettre de février 2000

Une chose vient de m'apparaître comme évidente. Je ressens le besoin de communiquer avec Pierre et non avec Micheline parce que je désire entrer en contact avec la personne « réelle » et non pas avec le personnage. Or, pour moi, du moins, Micheline est un personnage. Je me trompe peut-être. Je n'en sais rien. Toutefois, si j'ai la perception que tu joues un rôle, comment acquérir la conviction d'une réelle intimité psychique ? Comprends-tu ce que je veux dire ?

Commentaire

Avec le recul, je constate que Pierre et Micheline se confondent en un seul et même individu. Je me trompais en imaginant que Micheline était un personnage. Elle ne l'est pas. Elle constitue une partie inhérente de Pierre qui ne joue pas.

Lettre de mars 2000

Nous nous sommes rencontrés de façon très spéciale. Tu es apparu sur ma route à un moment où j'avais besoin d'un choc émotif pour me sortir de cette bulle dans laquelle je m'étais volontairement enfermée depuis des années. Elle me sécurisait et m'empêchait d'admettre ma vulnérabilité. Ce fut un véritable coup de foudre, je m'en suis rendu compte par la suite.

Cela m'a d'abord complètement déstabilisée et apeurée. Petit à petit, j'ai retrouvé ma sérénité et ma paix intérieure. À l'occasion, quelques petits pincements au cœur se pointent, mais n'est-ce pas le propre des personnes amoureuses ? Je suis attirée vers toi comme un aimant vers un autre. Inutile de tout écrire, encore une fois, ce qui me plaît chez toi. De toute façon, certaines choses se passent de mots parce qu'elles dépassent notre entendement. De ton côté, il n'y a peut-être pas la même force d'attraction, mais sûrement un certain déclic dont je ne peux pas encore comprendre la portée. Tant d'explications s'imaginent. Ta solitude, le plaisir de te sentir admiré et aimé, l'attrait de la nouveauté. Tu as été d'une gentillesse exquise avec moi. J'apprécie tes cartes virtuelles, tes gadgets d'ordinateur, ta disponibilité, ton invitation à l'émission que tu animes à la radio, tes cassettes pour m'apporter du bonheur. Lorsque tu es venu chez moi, j'ai ressenti un peu plus, mais ce moment si court me trouble. Depuis, je te sens préoccupé et pas vraiment réceptif au sentiment amoureux. Cela m'attriste un peu, mais je n'en crée pas un drame. J'accueille avec philosophie la situation parce que je me sens bien avec moi-même. Je pourrais imaginer un scénario où tu serais follement épris de moi, où nous nous envolerions pour Paris, San Diego, Londres ou la Thaïlande, mais cela ne reste qu'un rêve.

Comme tout le monde sur cette terre, tu dois arrêter des choix et accepter les conséquences de ceux-ci. Tu dois aussi être à l'écoute de tes propres émotions et capter celles des autres. Le sentiment ne se commande pas. Il est ou il n'est pas.

Tu es une personne extrêmement fantaisiste. Lorsque je te vois bouger sur l'air de « Que fais-tu là Petula ? », tous tes problèmes semblent disparaître. Tu montes sur scène et réussis à exprimer ta joie de vivre. Je me sens différente. Je trouve mon plaisir d'exister dans des choses toutes simples. Un bon feu de foyer, un coucher de soleil, un gros câlin de chat ou une cassette de belles chansons. J'adore chanter et danser, mais la vie calme et tranquille ne m'effraie pas. J'aime également la sensualité des corps et des cœurs enlacés conservant toutefois la capacité de rester seule sans sombrer dans la dépression.

L'expérience passée m'a appris que pour s'incarner de façon harmonieuse et saine, le sentiment amoureux devait être ressenti au diapason. Sans ce partage et cette réciprocité, la magie disparaît. La personne qui éprouve une attraction plus intensément se place alors à la remorque de l'autre et souffre inévitablement de son indifférence. Celui-ci, de son côté, se sent coupable de ne pas répondre à l'appel. Ayant connu les deux situations, je sais bien de quoi il en retourne.

Commentaire

Lorsque je lis cette lettre, j'y sens tellement d'insécurité. À ce moment, je voulais atteindre la certitude que Pierre était amoureux de moi comme je l'étais de lui. J'espérais une alliance exclusive dans laquelle je ne m'inquiéterais pas. Malgré ses attentions renouvelées, je manquais de confiance.

Le temps m'a appris une chose simple sur mon conjoint. Lui, en dit ceci : « Je n'ai rien à cacher et je tiens parole; je dis ce que je fais et je fais ce que je dis. » Nos douze ans de vie commune m'ont démontré que ces mots reflètent vraiment son essence. Un homme franc, honnête et loyal. Sans le tenir pour acquis, je dors du sommeil du juste et il jouit avec raison de la même confiance en moi. Cette union m'a aussi permis d'apprécier l'autre tel qu'il est et non tel que je voudrais qu'il soit. Chaque personne décide de sa façon bien à elle d'exprimer ses sentiments. Quand on cesse d'attendre un bouquet de roses, on peut recevoir davantage. Depuis quelques années, pour me faire plaisir et agrémenter le terrain de jeu de nos animaux, mon conjoint a planté plusieurs arbres dans notre cour. Par de petits gestes anodins, il me montre si souvent à quel point je suis importante pour lui.

Lettre d'avril 2000

Bonjour mon CDF [coup de foudre] *que j'aime,*

J'espère que ta nuit a été plus clémente que la mienne. Ouf! quel chemin me faut-il traverser pour arriver à comprendre ce que je vis et, surtout, ce que je suis ? On pourrait penser que tu es complexe en observant les apparences alors que j'aurais l'air tout à fait cool. *Et pourtant...*

En fait, je constate que nous sommes tous les deux des personnes sensibles et que nous survivons en quelque sorte dans un genre de prison de laquelle il n'est pas aisé de sortir.

Ensemble, nous communions vraiment dans l'amour et la fantaisie (je le ressens au plus profond de moi), mais également dans la perception de la souffrance de l'autre. Cette nuit, j'ai éprouvé toutes les émotions que tu dois sans doute vivre depuis le début de ta quête. Peine, culpabilité, peur, détresse, anxiété et même désespoir. J'ai réussi à me parler, à retrouver une certaine sérénité découvrant que je porte depuis toujours cette difficulté en moi et réalisant surtout que tu n'es pour rien dans ma propre démarche. Les personnes « aimées », si rares, représentent des occasions uniques de mieux se connaître, de travailler sur soi et d'essayer de surmonter les obstacles.

Les images n'ont pas cessé de défiler dans ma tête. Je comprends de mieux en mieux à quel point tu te veux femme. Pourtant, quand tu apparais sans habit, ni bijou, ni maquillage, tes longs cheveux sur les épaules, que j'entends ta façon de penser et que je regarde ton corps solide et viril, je te vois comme un vrai homme. Mais est-ce important ? L'essentiel est que tu puisses continuer à avancer et à trouver cette harmonie intérieure que nous cherchons tous d'une façon ou d'une autre.

Réussirons-nous un jour à nous rejoindre véritablement ? Je l'ignore. Je suis néanmoins certaine que c'est un privilège de te connaître. Je me sens toute petite, au sens propre comme au figuré, et je ne sais pas dans quelle mesure je peux participer à ton bien-être. De mon côté, je réalise que mes fortes barricades érigées bien involontairement pour survivre m'empêchent de vivre le meilleur, notamment une vie sexuelle épanouie. Il y a quelques années, j'ai songé que je pourrais les faire disparaître, mais je constate aujourd'hui que je suis encore très loin du but. Ma solitude est aussi intense que la tienne. Te voir, t'écouter, te parler et te toucher représente malgré tout, pour moi, un cadeau du ciel.

J'adore me retrouver dans tes bras et te caresser. Au moins, cela m'est accessible et j'y ai goûté avec bonheur. Je ressens du plaisir à t'écrire, à te lire et à m'instruire avec toi. Je raffole des moments où nous pouffons de rire ensemble. Cela est bon.

Ne t'inquiète pas de moi et de nous. Je suis une adulte et j'ai appris à gérer ma souffrance. Je te lance souvent des cris d'alarme et te convie à l'amour avec un grand A. Je te prie de croire à ma sincérité.

Je comprends bien cependant que l'on ne peut décider d'aimer. On ne peut davantage prendre des raccourcis sur le chemin de l'évolution. Toi et moi sommes rendus à un certain endroit et il nous faut accepter les limites de notre capacité à entrer en relation avec l'autre. Au-delà des apparences, j'en arrache autant que toi. Cela ne nous enlève pas notre immense richesse intérieure. Cela ne doit pas nous soustraire à l'estime de nous-mêmes. À tout le moins, nous avons le courage de ce que nous sommes : de ta part, par tes démarches et tes combats, de la mienne, par mes livres.

Commentaire

Cette lettre dénote encore mon besoin d'être rassurée. Elle témoigne aussi d'un doute existentiel dans ma capacité d'entrer en étroite communication. Comme si la sécurité normalement acquise au cours de l'enfance et de l'adolescence ne se trouvait pas. À ce sujet, je ne peux affirmer que j'ai gagné la partie. Au fil des ans, la confiance est entière, mais l'aptitude à l'intimité me laisse un questionnement. Plus je vieillis et plus je prends conscience de cette grande solitude qui nous habite tous de la naissance à la mort. On peut s'approcher de l'autre, l'apprivoiser, lui offrir un accompagnement marital, mais chaque personne reste prisonnière d'elle-même, de ses pensées, de ses rêves, de ses aspirations non achevées, d'un idéal d'absolu impossible à atteindre. Notre couple n'y échappe pas.

Lettre de mai 2000

Plus je t'écoute, te lis et pense à tout ça et plus j'ai envie de crier au monde entier ce qu'est une femme. Ce n'est certes pas l'apparence qui fait la loi. Encore moins des sujets de conversation, comme la mode ou autre chose similaire.

La féminité, ça ne peut exister que dans la tête. Ça vit dans le cœur et l'âme. Les qualités dites féminines se trouvent par exemple chez une personne comme mère Teresa qui n'avait rien d'un sex-symbol *et qui ne se préoccupait pas de magasinage. Ces attributs peuvent aussi se retrouver en une Marilyn ou une Cléopâtre, mais la beauté extérieure ne me semble pas essentielle. La mentalité de surface non plus. Au plus profond de l'être, tout se joue. J'en suis convaincue.*

J'aimerais tant faire comprendre cela à tous ceux qui souffrent de ne pas posséder un corps de femme. Les qualités de cœur et d'âme, authentiques et bien vivantes, ne connaissent aucun obstacle pour s'exprimer. Elles irradient en toute simplicité de leur lumière éblouissante.

Commentaire

En fréquentant Pierre-Micheline, j'ai mieux saisi sa démarche. J'ai certainement accepté que je ne doive pas chercher à comprendre puisque lui-même prétend qu'il s'agit d'une mission impossible. À ce sujet, je lui laisse la parole, car il sait bien résumer la situation :

« Pourquoi suis-je devenue une personne transgenre ?

- C'est probablement la seule question à laquelle il n'y a pas de réponse logique ou certaine.
- La seule réponse qui me vient à l'esprit est que je sentais au fond de moi que je désirais vivre de manière différente. Il me semblait que l'apparence que j'avais n'était pas celle que j'aimerais avoir.
- Par exemple, une personne peut préférer vivre en ville et une autre à la campagne.
- Une personne peut préférer travailler à salaire et une autre, être à son compte.
- Une personne peut préférer avoir des enfants et une autre, ne pas en avoir.
- Il peut y avoir un grand nombre de facteurs qui expliquent ces désirs, mais cela n'est pas toujours évident.
- De la même manière, un homme peut préférer vivre en homme et un autre peut préférer vivre en femme.
- Vous allez dire que la comparaison est boiteuse, mais elle représente quand même une certaine réalité.

» Comment suis-je devenue une personne transgenre ?

- À treize ans, j'ai mis mon premier soutien-gorge.
- Pourquoi ?
- Par curiosité !
- Je voulais savoir pourquoi une femme portait un soutien-gorge tandis que moi, je n'en portais pas.
- Je voulais savoir à quoi sert un soutien-gorge, et cela, je l'ai compris lorsque j'ai appris qu'une femme avait des seins tandis que moi je n'en avais pas.
- Je voulais savoir ce que ressent une femme qui en porte un.
- J'ai trouvé cela différent et intéressant.
- Vers le même âge et toujours par curiosité, j'ai également mis mon premier jupon et mon premier costume de bain long.
- J'ai également trouvé cela différent et intéressant.
- À seize ans, je me suis habillée complètement en femme.
- Cela signifie que je me suis habillée avec un soutien-gorge, une petite culotte, des bas de nylon, une robe et des souliers à talons hauts.
- Pourquoi ?
- Je sais qu'il s'agissait encore d'une simple curiosité d'adolescente.
- Si au moins je m'étais habillée en femme pour l'Halloween, j'aurais pu sortir, compléter cette expérience intéressante et ainsi en tirer des conclusions, mais cela ne s'est pas produit.
- Je voulais également savoir pourquoi une femme peut porter des tissus doux comme la soie, le satin, le nylon, etc., tandis que moi je ne pouvais pas en porter, même si j'adorais la douceur de ces tissus. Cela s'appelle de la "sensualité".
- L'attrait du fruit défendu est souvent très fort et, après tout, je ne fais de mal à personne.
- À 23 ans, j'ai fait mon premier maquillage et ma première sortie, de soir évidemment.
- C'était une fantaisie, c'était amusant, voire excitant. J'étais heureuse, mais effrayée à la pensée d'être découverte.

- À 25 ans, à Paris, je suis sortie habillée en femme à quelques reprises.
- J'en ai également profité pour acheter quelques morceaux de lingerie pour augmenter ma garde-robe.
- De 25 ans à 34 ans, je suis sortie habillée en femme à quelques reprises pour améliorer ma confiance et mon aisance, mais toujours dans un relatif anonymat.

» À 34 ans, je me suis posé des questions existentielles :

Qui suis-je ? D'où viens-je ? Où vais-je ? Pourquoi y vais-je ? Comment vais-je y aller ? Quel est le sens de la vie ? Pourquoi suis-je sur terre ?

- Je n'ai pas trouvé de réponses à ces questions, du moins, aucune réponse qui pouvait satisfaire ma curiosité.
- Mais, est-ce bien nécessaire de trouver une réponse absolue à ces questions ?
- Cependant, je me suis demandé si je ne voulais pas vivre en femme plutôt qu'en homme, car il me semblait que je partageais plus de points communs avec les femmes qu'avec les hommes.
- Certes, je suis très différente de ce que je pourrais définir comme étant la "femme moyenne", mais je suis aussi très différente de ce que je pourrais définir comme étant l'"homme moyen".
- De plus, et pour être honnête, je me sens bien lorsque je suis habillée en femme.
- Notez bien que cela ne signifie pas que je déteste être habillée en homme, mais cela signifie que si j'ai le choix, je préfère être habillée en femme.
- Je préfère porter une belle robe avec des bas de nylon et des souliers à talons hauts plutôt que de porter un veston, une chemise, une cravate et un pantalon.
- Je me sens plus confortable, davantage moi, quand je suis habillée en femme.
- Cela n'est pas une question de logique, mais une question de sentiment, de mieux-être.

» Je n'ai jamais choisi et je n'ai jamais voulu que mon histoire devienne publique, mais à la suite des articles parus dans les journaux et des nombreuses entrevues télévisées qui ont suivi la publication du jugement de la Cour d'appel m'accordant un changement de nom, il était évident que mon histoire était devenue publique.

» J'avais alors deux choix possibles : ne rien dire aux journalistes et les laisser ainsi écrire ce qu'ils trouveraient comme information ou rencontrer les journalistes pour leur donner l'heure juste et ainsi présenter une image positive d'une personne transgenre qui aurait pour effet de faire évoluer positivement l'image que la population se fait d'une personne transgenre, d'une travestie ou d'une transsexuelle.

» J'ai choisi la deuxième option et j'ai accepté d'être disponible pour les journalistes, car je considère que c'est la meilleure manière de faire quelque chose de positif pour la société. Le reste fait maintenant partie de l'histoire. »

Au-delà du paraître : l'être !

J'ai transmis ce qui suit en 2001 au journal virtuel *La Burqa* qui traite surtout des transsexuels, travestis et transgenres. Par cet article, j'explique ma perception de l'époque sur la situation de ces gens marginaux.

Bonjour Mathilde,

Félicitations pour votre hebdo La Burqa, *bien fait et très captivant. J'ai lu avec grand intérêt le message de Michèle-Anne Roncières que j'ai avec bonheur rencontrée à Paris l'année dernière.*

Je suis Michèle Morgan, conjointe d'une personne transgenre. Je respecte mon amoureux et j'accepte sa différence, même si je ne suis pas toujours à l'aise avec celle-ci. Depuis que nous nous fréquentons, je réfléchis beaucoup sur toutes les notions auxquelles Michèle-Anne fait référence dans son écrit.

À mon avis, l'être humain possède trois parties. Le physique (corps), le mental (intellect) et un niveau que l'on peut qualifier de spirituel (âme ou esprit). Le questionnement sur l'identité sexuelle me semble relever du mental teinté de fantasmes ou de fétichisme. Il s'agit parfois d'une simple curiosité, d'un goût de vivre quelque chose de marginal.

Chez Michèle-Anne, l'apparence est problématique. Convaincue du fait qu'elle est née dans une enveloppe non conforme à son genre profond, elle éprouve de la difficulté à être heureuse.

Message du Graal, *cette œuvre ésotérique magistrale, explique le fonctionnement de la vie. D'abord en état d'esprit inconscient, l'être humain s'incarnerait à plusieurs reprises pour devenir conscient.*

Le choix « spirituel » de son genre (masculin ou féminin) serait une option de départ qui le suivrait tout au long de son existence. Il peut toutefois expérimenter au cours de ses vies successives un corps masculin et féminin. Il peut aussi ressentir une identité différente de son corps et avoir comme orientation l'homosexualité. Le genre initial demeurerait cependant tout au cours du processus. En général, les psychologues et tous les gens qui s'intéressent à ces questions négligent cette vision globale. En abordant la situation avec ces données plus complètes, on peut facilement retrouver toute la gamme de comportements sur cette terre.

Par ailleurs, chacun d'entre nous devrait s'attarder à développer son être plutôt que son paraître. Au-delà du physique, les qualités de cœur et d'âme comptent davantage. Le raffinement, la délicatesse, la bonté, la pureté d'intention, l'honnêteté ne sont pas des attributs réservés aux femmes. Toute personne qui veut évoluer peut aspirer à atteindre celles-ci. Des hommes possèdent ces grandes valeurs et ils ne ressentent pas le besoin de se présenter sous une apparence féminine pour les exprimer. Cela vient probablement du fait que ceux-ci éprouvent une harmonie entre les trois parties de leur être (physique, mental et genre plus profond sur le plan spirituel).

En apprenant à comprendre l'essence de l'être humain, en portant attention aux qualités de cœur, nous parviendrons sans doute à vivre tous plus heureux ensemble. Michèle-Anne, je te remercie pour ton texte. Je demeure persuadée qu'il y a des personnes complémentaires pour chacun et chacune d'entre nous. L'important est avant tout de s'accepter avec ses limites et de développer au maximum ses ressources. En temps opportun, la vie met quelqu'un de bien et de bon sur notre route. N'en suis-je pas la preuve ?

Lettres à des amis

Les lettres qui suivent ont été transmises par courriel à des amis. Les prénoms de ces derniers ont été changés pour protéger leur anonymat. Par leur intermédiaire, je partage avec vous quelques-unes de mes profondes réflexions sur la situation des personnes marginales et plus particulièrement sur les questions d'identité sexuelle.

Message à Marie-Hélène

Marie-Hélène est une personne transgenre et travestie qui habite Paris. Je l'ai connue par son site Internet, mais je l'ai rencontrée à Paris, sous son apparence masculine. Je considère que cette personne est épanouie et équilibrée. En tant qu'homme, il est marié et père d'une belle petite fille. Artiste de profession, il vit très bien cette particularité.

Bonjour Marie-Hélène,

Je suis touchée par votre site et par votre expérience. Votre prose et vos photos sont éloquentes. J'ai également apprécié la mise en page réalisée avec raffinement. Votre propos m'a donné le goût de vous écrire. Je suis amoureuse d'une personne qui se dit « transgenre » et non transsexuelle. Je me pose beaucoup de questions en raison de mes sentiments très intenses. En tant que femme hétérosexuelle « ordinaire », je me demande comment définir ma place à ses côtés. De plus, je ne ressens vraiment pas la grâce délicate au contact de mon amoureux que je connais depuis le mois de février. Il porte des vêtements féminins et se maquille depuis maintenant quinze ans, mais sur le plan de la pensée, des réactions, de l'interaction avec les autres, il me semble masculin. J'admire cependant son courage et sa détermination, car son parcours particulier lui vaut de multiples problèmes, dont la perte d'un emploi. Pour moi, la véritable féminité se retrouve dans le cœur et l'âme bien plus que dans l'apparence et la beauté plastique. N'ayant pas vécu cette expérience, je peux difficilement la comprendre. Mère Teresa n'avait rien d'un sex-symbol *et elle a pourtant apporté tant de lumière par sa « véritable » féminité. Les beautés plastiques peuvent aussi posséder ces grandes qualités du cœur et de l'âme, mais ce n'est pas nécessaire d'être Miss Univers pour être une femme au sens le plus profond et le plus noble de cette réalité.*

Tous peuvent exprimer des qualités dites plus féminines comme la douceur, l'intuition, la noblesse de sentiments, la pureté du cœur, la fidélité, etc., et ce, indépendamment de leur sexe.

Pourquoi, selon vous, le « paraître » semble-t-il quelque chose de si important pour les personnes transgenres et les transsexuels ? Serait-ce justement, parce que ces personnes sont nées avec un corps masculin ou encore en raison d'une compréhension différente de ce que représente le genre féminin ? Je vous remercie de l'attention que vous porterez à ma missive et j'ose espérer que vous y répondrez.

Réponse de Marie-Hélène

« Chère Michèle,

» Vous posez la grande question. Je connais bien ce problème, car je connais bien le milieu des trans et des travestis, mais souvent ces personnes ne sont pas d'accord avec moi, car j'aime regarder les choses en face et je me suis posé les mêmes questions sur moi-même.

» Il est sûr que ni les hommes ni les femmes ne se situent à 100 % hommes ou femmes, mais à un endroit entre ces deux pôles. Lorsqu'un enfant naît, il n'a pas de sexe défini, sinon son sexe physique. Il devient fille ou garçon lorsqu'il se rend compte qu'il ressemble plus à son père ou à sa mère. Les problèmes d'identité et de genre viennent souvent lorsqu'un garçon n'admire pas son père et qu'il admire sa mère. Il aimerait, en conséquence, ressembler davantage à sa mère plutôt qu'à son père.

» L'un des facteurs déclenchant le transsexualisme est souvent lié au viol d'un garçon par un homme, un viol physique violent ou parfois davantage un viol psychologique. On rencontre ce même facteur dans les pays orientaux et latins où la femme est très protégée au sens de la propriété, où les adolescents n'ont pas accès à la sexualité, sauf les bien nantis en mesure de payer, mais pour les autres, la seule possibilité est d'avoir une sexualité entre garçons. Avec les mêmes conséquences que les viols. Donc, pour beaucoup de garçons qui auraient été violés par un homme ou par un autre garçon, ils peuvent moins l'accepter que ne l'acceptent les femmes (je ne dis pas que pour un garçon se faire violer est plus traumatisant que pour une fille, mais pour le garçon, il y a en plus l'élément homosexuel). La seule manière d'accepter le viol est de devenir une femme. J'ai remarqué que les transsexuels qui ont ce problème se font opérer rapidement. Mais, un ami chirurgien m'a dit que la moitié des transsexuels opérés se suicidaient. On vit parfois la souffrance sur une route où on a voulu faire sa vie, mais parfois, au bout, on ne trouve pas ce que l'on désirait. J'ai vu une fois un garçon assez féminin. Des amis m'ont dit que c'était un transsexuel qui, après s'être fait opérer, a voulu redevenir un homme.

» J'ai remarqué souvent chez les travestis que leur vie d'homme n'était pas vraiment exceptionnelle, mais dès qu'ils étaient en femmes, ils pensaient attirer l'attention, exister beaucoup plus, ce qui provoque la question et la réponse : « Ma vie en femme est plus intéressante que ma vie d'homme. » Certains entrent facilement dans l'engrenage. Il se passe la même chose pour les gens qui se déguisent pour le carnaval. Revêtir l'identité d'un autre est toujours grisant, mais ne fait pas une vie.

» Le problème est que si tu es amoureuse d'une telle personne, je pense qu'il faut que tu sois vraiment très amoureuse pour pouvoir supporter tous les inconvénients, et beaucoup de portes qui se fermeront.

» La véritable féminité est intérieure, se déguiser pour l'exprimer est très secondaire. Quand je suis en fille, je ne sens aucune différence en moi, j'aime bien le faire, mais je n'en fais pas une obsession qui dirige ma vie. Le sexe représente sur le plan de l'horaire une partie infime de notre vie, mais il occupe dans les pensées la place principale. Une vie ne se construit pas sur une libido.

» Bises,

» Marie-Hélène »

Commentaire

La réponse de Marie-Hélène est intéressante. Elle ouvre le débat sur d'autres avenues qui s'avèrent sûrement justes dans certaines situations. Avec le temps, je ne peux qu'acquiescer au fait que l'habillement qu'elle nomme « déguisement » est très secondaire et que ce denier ne représente pas un facteur pour diriger sa vie. À cet égard, j'ai constaté la capacité de mon conjoint à s'adapter aux événements et à ne pas faire un drame lorsqu'il porte des vêtements masculins. Comme il le dit lui-même, il a une préférence, mais il ne rejette pas sa masculinité.

Lettre à la conjointe d'un transgenre

Bonjour Sophie,

Je me présente. Je suis Michèle Morgan, conjointe de Me Pierre (Micheline) Montreuil qui est transgenre. J'ai lu avec intérêt votre message sur le site de votre mari. Vous et moi vivons beaucoup de choses similaires.

Je vous transmets deux photos de mon compagnon. Évidemment, je préfère son look *masculin. Je ne m'en cache pas, même lorsque nous accordons des entrevues à la télévision.*

Comme vous l'écrivez si bien, c'est de l'homme dont nous sommes amoureuses. Je peux aimer Micheline, mais je suis amoureuse de Pierre. En fait, j'apprécie toutes les parties de son être.

Pour le côté séduction, Pierre rejoint davantage la femme en moi. Je n'ai jamais eu une orientation homosexuelle et le fait de voir mon partenaire ainsi habillé me fait sourire. Cela ne réveille aucune attirance chez moi. Cela produit l'effet contraire. Mon impression, à ces moments-là, est de me retrouver avec une adolescente. Mais si cela l'amuse... Dans le cas de Micheline, c'est devenu son mode de vie. Le temps réservé au look *masculin est plutôt réduit. J'ose espérer qu'un certain équilibre reviendra lorsqu'il aura terminé ses batailles juridiques.*

Je vous souhaite une belle journée. J'admire votre courage, car je sais que cela en prend !

Au plaisir de vous lire,

Michèle

Commentaire

Les batailles juridiques ne sont pas encore terminées. Je constate néanmoins avec joie que mon conjoint passe facilement du féminin au masculin, et ce, même en public. Il a enfin compris qu'il ne perdait ainsi aucune crédibilité. Son bureau d'avocat se trouve à la maison et il arrive fréquemment que des clients le voient au naturel sans la moindre réaction. Ils viennent le consulter pour sa compétence et son professionnalisme bien établis, non pour les vêtements qu'il porte.

Lettre à un jeune ami français

Je connais cet ami français depuis quelques années. Il venait tout juste de m'apprendre, par courrier, qu'il était homosexuel. Il m'écrivait qu'il ne pouvait encore se résigner à confier le secret de son orientation à son père.

Très cher Mathieu,

Enfin de tes nouvelles. J'aime beaucoup ta photo. Tu as l'air épanoui et en paix. Je te trouve beau garçon. Je constate que beaucoup de choses ont évolué dans ta vie et je suis persuadée que tes guides te conduisent au bon endroit. Le fait d'être bisexuel ou homosexuel entraîne certaines difficultés. Par contre, les personnes qui vivent ainsi jouissent aussi d'une très grande sensibilité qui leur apporte d'autres avantages. Mon expérience particulière avec mon amoureux Pierre-Micheline m'a beaucoup aidée à mieux comprendre l'identité et l'orientation sexuelle. Comme nous en avons déjà discuté, je pense qu'un être humain est constitué de trois niveaux : le corps, l'intellect et l'âme (ou esprit).

Le sexe est situé sur le plan du corps (masculin, féminin ou hermaphrodite), l'identité, sur le plan de l'intellect et le genre, au plus profond de l'être, sur le plan de l'âme.

L'identité – comme le corps d'ailleurs – peut se modifier au fil du temps. Le genre est « immuable ». Ce dernier est donc présent avant la naissance et après la mort.

Plusieurs psychologues et psychiatres confondent identité sexuelle et genre. En dissociant les deux, la plupart des comportements humains s'expliquent. Les personnes transsexuelles, par exemple, ont un genre et une identité qui ne sont pas opposés l'un à l'autre, mais qui ne correspondent pas à leur corps. Elles se sentent prisonnières de celui-ci qui n'est pas le reflet de leur genre et de leur identité. Certaines personnes optent pour la transformation de leur physique alors que d'autres préféreront avoir une orientation sexuelle vers le genre opposé, même si le corps de cette personne est du même sexe. D'où l'homosexualité.

Certaines personnes, comme Pierre-Micheline, jouissent à mon avis d'un genre et d'un sexe en harmonie, mais, pour différentes raisons, ont développé une identité qui ne correspond pas à ce genre et à ce sexe. Elles ressentent certaines tensions sans toutefois rejeter complètement leur enveloppe. Elles peuvent désirer certains attributs des deux sexes, comme conserver leurs organes génitaux mâles avec des seins qui pourraient ressembler à ceux d'une femme. Ces personnes que l'on peut appeler « transgenres » peuvent, au cours d'une même vie, vivre alternativement en homme et en femme, par leurs vêtements et leur nom, mais elles demeurent fondamentalement de genre masculin ou de genre féminin, selon ce qu'elles étaient avant leur incarnation.

Ainsi, un être humain peut, à tour de rôle, être incarné dans un corps d'homme et de femme, choisir une orientation hétérosexuelle, homosexuelle ou bisexuelle, sans que cela fasse de cette personne une dépravée. La société n'est pas encore totalement ouverte à admettre toutes ces notions. Dans mon prochain livre, j'aborderai cette question pour favoriser une meilleure compréhension de cette situation qui m'apparaît tellement simple, une fois que l'on a identifié les trois niveaux.

Je suis heureuse avec mon amoureux. Nous songeons à vendre nos deux propriétés respectives et à bientôt vivre sous le même toit. Nous sommes ensemble depuis une année déjà. Une année de beaux souvenirs et de découvertes. Beaucoup d'émotions et de batailles à livrer avec l'entourage, mais cela ne me fait pas peur.

J'espère que nous pourrons garder avec nous Soleil et Chaton. Il les aime bien, mais il n'était pas prêt psychologiquement à accueillir des animaux dans sa maison. Il chemine sans être complètement décidé. Je prie tous les jours pour que nous trouvions un terrain d'entente satisfaisant pour les deux poilus qui l'adorent. Nous caressons aussi le projet de nous rendre en Europe dans un avenir pas trop lointain.

J'ai hâte de voir comment tu te sens avec ton ami et quel travail tu te dénicheras. Ta mère et ta sœur te comprendront, j'en ai la certitude. Quant à ton père, ce sera plus difficile. Je fais pour toi le vœu qu'il se réconcilie avec l'idée. Donne-moi de tes nouvelles, Mathieu. Je vais essayer de te transmettre une cassette de musique dès que possible. Dis-moi à quelle adresse postale t'écrire.

Commentaire

Mathieu a eu l'occasion de rencontrer mon amoureux. Les deux ont sympathisé et ont échangé avec plaisir. Mon ami peut enfin vivre ouvertement son homosexualité, qu'il a réussi à avouer à son père, et il a élu domicile aux États-Unis où il gère une auberge avec son compagnon de vie. Quant aux animaux, mon conjoint les a finalement acceptés en me demandant de m'occuper entièrement d'eux et de voir à leur bien-être. Nous avons actuellement Merlin et Soleil, deux golden retrievers de sept ans, et trois chats, dont deux matous errants que nous avons adoptés au cours des dernières années. Comme nous n'avons pas le bonheur d'avoir des enfants à éduquer et à aimer, les poilus apportent un complément agréable à notre union. J'ai tenu promesse et prends entièrement les bêtes à ma charge. J'ai emménagé dans la résidence de mon conjoint en novembre 2001 et j'ai loué ma maison depuis ce temps. Je l'ai mise en vente malgré mon attachement à celle-ci. À mon tour de lâcher prise et de suivre le courant.

Extrait d'une lettre à un ami très cher

Je me situe à cet endroit où, comme le funambule, je marche sur la corde raide sans trop savoir où se trouve le port d'attache, ignorant si je perdrai pied dans cet ouragan incroyable.

J'avance à pas de géants à tous points de vue. Je suis maintenant passionnée par l'histoire de France, les antiquités grecques et égyptiennes. Je rêve de voyages et de démesure. Je rencontre des tas de gens capables de faire éclater les tabous de l'éducation et du conformisme tout en gardant une dignité exemplaire. Je perçois l'univers d'un œil tout à fait nouveau, moins critique et plus admiratif. J'écoute « ses » cassettes très différentes des nôtres, mais qui évoquent aussi ce profond besoin de tendresse et de romantisme. Je replonge parfois dans le monde aride du droit, mais avec le recul d'un vécu et d'une maturité que l'on ne possède pas à la sortie de l'université. J'ouvre mes horizons à une meilleure compréhension des phénomènes politiques et économiques tout en conservant mes habitudes de contact avec la nature. Les animaux, les arbres, le ciel et l'eau participent toujours à la fête. Plus que jamais, je réalise la complexité des êtres humains sans toutefois essayer de tout saisir. Le plus grand cadeau de cette rencontre providentielle : j'ai réussi à vivre avec l'insoluble. Quel repos pour une éternelle analyste ! J'ai donc appris à aimer et à accepter sans comprendre, sans expliquer, sans vouloir changer. Quelle sérénité !

Enfin capable de mettre en pratique le « vivre et laisser vivre » dont j'ai tant fait l'éloge dans mes livres, je vis une complémentarité sûrement enrichissante pour l'évolution. Sa force herculéenne, tant physique que morale, m'apporte un sentiment de confiance malgré les circonstances qui paraissent, pour tout l'entourage, le comble de l'insécurité. Sa polyvalence ne cesse de m'étonner, sa passion, de me charmer, son amour, de m'habiter. Je lui ai ouvert mon cœur et mon âme et, délibérément, je lui ai offert toute la place devenue disponible depuis plusieurs années de célibat. La montagne est source d'émerveillement, l'être humain aussi. Ta voie et la mienne diffèrent, mais nos voix chanteront toujours le miracle de la vie. « Une elfe aérienne » t'envoie, très cher ami, son plus beau sourire et te souhaite un arc-en-ciel de créativité.

Commentaire

Cet ami m'offrirait un grand sourire en relisant cette lettre et en les comparant aux récents courriels que je lui ai transmis. Il vous dirait que je suis un paradoxe vivant et une personne déroutante. Je lui donnerais raison. Je me suis en effet permis certaines remises en question au cours des dernières semaines et je me suis interrogée au sujet de ce que je suis devenue. À ce tournant de la vie de couple, qui se produit généralement après huit ans de mariage, je ne fais pas exception à la règle. Cette prise de conscience ne m'effraie pas. J'ai profité de cette période pour me plonger à nouveau dans le magnifique livre de Christiane Singer, auteure que j'apprécie, tant pour la qualité de son écriture que pour le contenu de son œuvre. *Éloge du mariage, de l'engagement et autres folies* propose une passionnante réflexion sur les avantages et inconvénients de l'engagement opposés à ceux du non-engagement. Une phrase a retenu mon attention : « Le mariage ne nous veut pas présentables, il nous veut vivants ! – et il nous fera perdre la face jusqu'à ce que, sous nos masques, apparaissent nos vrais visages. » Une autre tout aussi percutante : « Ce que je tente d'exprimer est autre chose encore : les épreuves ne sont pas en mariage le signe qu'il faut clore l'aventure, mais souvent, bien au contraire, qu'il devient passionnant de la poursuivre. »

Extrait d'une lettre à une amie de longue date

Depuis février 2000, je fréquente Pierre Montreuil et je le considère comme un homme en dépit de ses vêtements et de son prénom « Micheline ». Au-delà des apparences, du maquillage, des longs cheveux, je sens chez lui une énergie yang et un genre masculin sur le plan de l'âme. Cette perception ne s'est jamais démentie au fil des mois. Par ailleurs, ma relation avec lui a nettement renforcé ma féminité. J'aime profondément Pierre pour ce qu'il est « intrinsèquement » et j'accepte son cheminement particulier, bien que ce cheminement ne soit certes pas ce que je préfère. Je suis persuadée que chaque être humain recherche le bonheur et essaie de survivre à son angoisse existentielle. Pierre a choisi de devenir Micheline. Est-ce pour se protéger ? Est-ce en réaction à sa propre masculinité ? Est-ce en contestation de son enfance ? Est-ce la route dont son âme a besoin pour s'affranchir de certains préjugés et pour faire évoluer l'humanité ? Plusieurs possibilités de réponses qui ne sont pas vérifiées ni même vérifiables. Pierre n'a jamais suivi de thérapie, car il est certain que cette démarche serait inutile à son bien-être. Il ne demande qu'une chose : être libre de vivre comme bon lui semble.

La perception des autres quant à son cheminement est très partagée. J'ai moi aussi des réactions de colère et de mécontentement lorsque je le vois prendre une telle route. Ma contestation reflète probablement mes propres carences et mes insécurités. En ce sens, sa situation me blesse parfois, mais elle m'aide à avancer.

Au-delà des apparences, des difficultés, des inquiétudes, des peines et des frustrations, je goûte avec Pierre une grande et étonnante passion. Absolument charmant, intelligent et d'une douceur chaleureuse, je l'aime. Pour moi, il représente l'homme de ma vie. Pierre ou Micheline, est-ce si important ?

Michèle

Commentaire

Je souris en lisant cette lettre, car elle me ramène à l'essentiel. L'important, c'est l'amour. Je réalise que le mystère demeure encore entier et que je n'ai pas réussi à m'habituer à voir mon conjoint habillé en femme. Je l'accepte, point à la ligne. Comme je l'ai fait à notre mariage où il portait fièrement une longue robe blanche pour l'échange des vœux avant d'aller se changer en prince charmant pour le banquet et la danse.

L'histoire de nos « épousailles » et, plus particulièrement, des vêtements que nous avons choisis pour ce jour mémorable, vaut une parenthèse anecdotique. Nombreux sont ceux qui m'ont demandé comment j'ai pu tolérer une telle situation. Pour ces personnes, marier un homme en robe paraît grotesque ou burlesque, alors que pour ceux qui ont vécu la cérémonie avec nous, tout s'est déroulé avec classe et dignité.

Tout a commencé le jour du mariage de mon frère Louis, où Pierre-Micheline m'accompagne. Au cours du banquet, ma sœur Madeline se dit heureuse qu'un événement joyeux puisse nous rassembler. Elle s'interroge sur le prochain couple à convoler en justes noces. Mon amoureux prend la parole en confiant qu'il aimerait bien se marier, mais que je serais opposée à l'idée qu'il porte une robe longue blanche. Surprise de l'entendre, puisque nous n'avions jamais abordé la question, je reste sans voix. Toute ma famille réagit alors en me disant que je devrais accepter cette « petite fantaisie » de Pierre, qui leur avoue que cela représente pour lui un rêve caressé depuis toujours. De plus en plus interloquée par leurs propos, je me défends en rétorquant que c'est d'un mariage que l'on discute et non d'une simple sortie mondaine. Rien n'y fait. Plus je tente d'expliquer mon point de vue – à savoir que je n'ose m'imaginer dans une telle situation –, plus les convives essaient de me faire entendre raison. Le sujet est placé entre parenthèses pour le reste de la soirée. Au retour vers Québec, nous parlons sérieusement de la question dans la voiture. Une interrogation me vient en tête et elle ne concerne pas le vêtement. Je demande à Pierre pourquoi il veut me marier. Il me répond du tac au tac : « Je veux te marier pour deux raisons. La première, c'est que je t'aime. La deuxième, c'est que je veux t'apporter la sécurité. » Il ajoute qu'il a toujours rêvé de se marier avec une robe longue blanche. Je l'écoute avec l'impression d'avoir à côté de moi non pas un homme dans la quarantaine avancée, mais plutôt une jeune femme de dix-huit ans qui aspire à se métamorphoser, le temps d'une journée, en Cendrillon. Je ne suis pas loin de la vérité lorsque Pierre précise qu'après la cérémonie, il aimerait se diriger en calèche sur les plaines d'Abraham afin d'y prendre nos photos de l'événement. Tout est déjà planifié dans sa tête. Il imagine également embaucher les élèves de l'école de cirque ainsi qu'une troupe de danseurs et de musiciens pour rendre la soirée plus féerique.

Je ne sais comment réagir. Heureuse de recevoir cette demande et cette déclaration d'amour. Sceptique quant à ma capacité de vivre sereinement dans une situation aussi particulière. Ma réflexion porte avant tout sur l'engagement. En dépit de cette marginalité de mon conjoint, suis-je prête à franchir ce pas important avec lui, pour le meilleur et pour le pire ? Est-ce que je sens notre couple assez fort pour survivre aux intempéries ? Est-ce que j'accepte de laisser mon célibat pour la vie maritale ?

Je songe alors à Khalil Gibran qui parle du mariage dans son magnifique livre *Le prophète*. Je pense à Christiane Singer qui, à l'instar de Gibran, recommande que les deux conjoints, tout en étant unis, ne se tiennent pas trop près l'un de l'autre. Je donne la parole à Christiane Singer : « Jamais, quoi que je fasse, je ne serai celui ou celle qui mâche ton pain, boit ton eau, jamais je ne respirerai pour toi. Jamais ta peau ne m'invitera à m'y glisser. Jamais je ne tisserai pour toi les fils de tes rêves ni de tes pensées. Et comme tu étais seul à ta naissance, tu seras seul devant ta mort et seul, mille fois, dans les nuits d'insomnie quand un chien aboie au loin ou quand une voix que tu es seul à entendre t'appelle. » Elle écrit : « Pourtant, c'est en me détachant de toi et en m'ancrant en moi que je commence véritablement à aimer. Le cadeau que je peux te faire, c'est de retirer de toi toute la volonté de transformation que j'y ai mise – par zèle ou par ignorance –, la retirer de toi pour la remettre où elle a sa vraie place : en moi [*Éloge du mariage, de l'engagement et autres folies*, éditions Albin Michel]. »

Dans cette approche où je conserve mon espace vital, où mon conjoint garde le sien, je me sens prête à unir ma destinée à celui que j'aime depuis plus de trois ans. Je sais que le mariage viendra officialiser notre couple naissant et qu'il faudra y investir beaucoup d'énergie pour que celui-ci fleurisse harmonieusement. Christiane Singer me revient encore en tête : « L'amour conjugal se construit; il est œuvre de patience et de durée, de persévérance et de lente croissance. La passion, elle, surgit, frappe et pulvérise le temps, plonge le monde dans la nuit avant de disparaître. La loi sociale et la loi religieuse construisent leur barrage contre la passion et l'éros. Le mariage est un contrat de durée, un contrat de loyauté. La passion est la brisure, l'irruption sauvage du chaos, parfois de la mort. Il n'y a là rien à légiférer ni à déplorer. C'est ainsi. »

Avant même de parvenir à mi-chemin de notre trajet vers Québec, je me sens donc prête à accepter sa demande en mariage. Je dois ensuite envisager la question des vêtements. Ouille ! Il me vient une idée merveilleuse. Je confie à Pierre mon désir personnel : marier mon prince charmant. Je lui propose un compromis : il portera sa belle robe pour l'échange des vœux alors qu'il se transformera en roi pour le banquet et la danse. Nous aurons ainsi tous les deux la chance d'incarner notre rêve. Comme il possède déjà les costumes d'époque, il n'hésite pas à seconder ma suggestion. En arrivant à la maison, nous rions et nous pleurons de joie. Nous fixons la date au 13 septembre 2003. Ce qui fut dit fut fait et bien fait.

La veille du grand jour, une angoisse me tenaille. Je me demande si je serai à la hauteur de l'événement, si je ne m'évanouirai pas en apercevant Pierre, mon futur conjoint, en robe de mariée. Je prie mon ange gardien de m'épauler pour vivre sereinement la cérémonie. J'ai l'impression que je serai obligée de retenir mon souffle jusqu'au banquet. Une fois de plus, ce qui survient me surprend et m'aide à comprendre que l'amour est plus fort que la peur. Dès l'instant où je remarque son sourire radieux et que je sens au plus profond de mon être sa joie d'être ainsi vêtu, mon ego disparaît complètement. Je goûte à son bonheur comme j'ai savouré l'hostie de ma première communion vers sept ou huit ans. Dans une telle pureté d'intention, rien ne pouvait porter ombrage à cet événement merveilleux. Lorsque nous échangeons nos vœux, la robe n'a plus d'importance. Seuls les yeux et le sourire de Pierre comptent pour moi. Je sens aussi son cœur battre d'amour et de reconnaissance pour l'engagement que je lui offre et sur lequel il sait pouvoir s'appuyer toute sa vie.

Mon prince charmant fait ensuite une entrée spectaculaire pour le banquet. Tous les convives n'oublieront jamais cette arrivée royale, digne d'un conte de fées. J'ai des ailes et je nage en plein bonheur. Cette journée unique en son genre où tous les participants ont goûté à une parcelle d'éternité a déposé une marque indélébile en moi. Les invités ont mangé, ils ont bu, ils ont dansé et ils ont chanté, témoins privilégiés d'une union hors du commun. J'ai vu des gens pleurer d'émotion lors de l'échange de vœux et des textes de la Bible que Pierre avait choisis pour ajouter un souffle spirituel à la cérémonie. Ils ont aussi réagi quand j'ai lu le magnifique poème de Castaneda qui parle du chemin du cœur. Le voici :

> « Tu dois toujours garder à l'esprit qu'un chemin n'est qu'un chemin.
>
> Si tu sens que tu ne dois pas le suivre, tu ne dois pas y demeurer à aucun prix.
>
> Chaque chemin n'est qu'un chemin.
>
> Il n'y a pas d'offense à toi-même ni aux autres si tu le quittes,
>
> si c'est ce que ton cœur te dit de faire.
>
> Mais ta décision de rester ou de quitter le chemin doit être libre de toute peur et de toute ambition.
>
> Regarde ce chemin attentivement. Essaye-le aussi souvent que nécessaire.
>
> Pose-toi ensuite une seule question, et à toi seul :
>
> Ce chemin a-t-il un cœur ?
>
> Tous les chemins sont semblables.
>
> Ils ne mènent nulle part.

La question est de savoir si ce chemin a un cœur.

S'il en a un, ce chemin est bon.

S'il n'en a pas, il est inutile.

Les deux ne mènent nulle part.

Mais l'un a un cœur et l'autre pas.

L'un rend le voyage agréable et si tu le suis,

tu ne feras qu'un avec lui.

L'autre te fera maudire la vie.

L'un te rendra fort, l'autre t'affaiblira. »

Douze années plus tard

Comme le temps passe vite en bonne compagnie. Notre union a réussi à vaincre les démons et à surmonter les obstacles. Avec l'amour et la volonté, l'engagement se renouvelle chaque jour au fil des saisons.

Quelle serait donc la recette de la pérennité du mariage ? Elle varie d'un couple à un autre. Ceux qui ont la joie d'avoir des enfants bâtissent autour du noyau familial et ils découvrent ensuite, dans l'ordre des choses, le bonheur d'être grands-parents.

On dit que les femmes viennent de Mars et que les hommes viennent de Vénus. Les turbulences ne peuvent pas être totalement évitées sur une longue période. Les projets communs stimulent la vie à deux et ils offrent la chance de se prémunir des pièges de la routine. Les voyages, les sorties au restaurant ou au cinéma, les visites des musées et des expositions, les concerts et spectacles et les soirées entre amis favorisent la bonne humeur et entretiennent la complicité amoureuse.

La communication demeure un facteur incontournable à la survie du couple. Lorsque les gens ne se parlent pas, ils accumulent des frustrations et sont tentés d'aller voir ailleurs. La communication non violente préconisée par le psychologue américain Marshall B. Rosenberg permet de dénouer des impasses et d'assainir les rapports humains. Cette approche de croissance spirituelle représente certainement un pas dans une direction harmonieuse.

L'épanouissement personnel et l'estime de soi sont essentiels pour garder une alliance en santé. Il faut d'abord s'aimer pour aimer quelqu'un d'autre. Lorsque je suis satisfaite de moi-même et que j'ai le sentiment de me réaliser, je n'entre pas en compétition avec mon partenaire.

Mon expérience comme avocate dans le domaine matrimonial m'indique que les problèmes pécuniaires engendrent des malentendus et des divorces. On ne saurait trop conseiller à ceux qui commencent une relation de planifier leur budget et d'établir clairement leurs avoirs respectifs. L'adage veut qu'en début d'union il y ait beaucoup d'amour et peu d'argent alors qu'en fin d'union, c'est l'inverse : beaucoup d'argent et peu d'amour. L'indépendance financière de chaque partenaire est un facteur positif pour éviter les conflits. Un emploi gratifiant qui permet de s'épanouir en tant que personne et une vie sociale distincte de la vie de couple aident aussi à maintenir un climat heureux.

La vie sexuelle, facteur de réussite ?

Avec ou sans enfant, la sexualité représente-t-elle un élément important pour la survie du couple ? Je n'en sais trop rien puisqu'à cet égard mon parcours est étonnant. Je n'en ai jamais parlé publiquement, mais je décide aujourd'hui de m'ouvrir dans le but d'apporter un éclairage à des femmes qui auraient vécu un itinéraire semblable au mien et qui pourraient apprendre de cette confidence.

En premier lieu, je précise que mon union avec Pierre a été tout à fait normale en dépit de ses vêtements féminins à l'extérieur de notre maison. Comme nous l'avons souvent déclaré à la blague lors d'entrevues, dans le lit, nous sommes comme tout le monde, nus et sans artifices. Les débuts passionnés de ce « coup de foudre » m'ont conduite à explorer comme jamais auparavant ma sexualité et ma sensualité. Depuis des décennies, je me posais toujours les mêmes questions au sujet de l'érotisme. Tant de livres et de rapports faisaient état d'une réalité qui m'était inconnue. L'orgasme me fascinait. Celui de l'homme, mais encore davantage celui de la femme. Plusieurs de mes bonnes amies se disaient frigides, alors que d'autres prétendaient jouir de plusieurs façons. Orgasmes clitoridien, vaginal, utérin, point G, tous ces délices m'attiraient comme une abeille cherche le pollen. En fait, la seule explosion génitale à laquelle j'avais goûté depuis ma puberté venait de la masturbation du clitoris. Le plaisir de la pénétration m'était interdit pour je ne sais quelle raison mystérieuse.

Mes partenaires me stimulaient mentalement et physiquement, mais un étrange blocage ne me donnait pas accès à ces extases des relations intimes décrites dans les bouquins. J'en étais venue à croire que celles-ci relevaient probablement du fruit de l'imagination et non d'une réaction physiologique bien réelle. Pourquoi aurais-je été différente des autres femmes ?

Environ une année et demie après le début de nos fréquentations, je connais à cet égard un tournant inattendu et inespéré. À ce moment, j'avais en effet lâché prise. J'avais renoncé à comprendre et à rechercher le plaisir sexuel par l'union des corps. Je n'oublierai jamais cette sensation inouïe savourée au cours de ce premier orgasme vaginal, suivi d'un second encore plus intense et plus profond. Mon conjoint en a même fait la mention dans son agenda informatique ! Je conclus alors qu'il s'agissait sans doute de ce que l'on appelait l'« orgasme utérin ». La découverte du point G, zone hautement érogène, succéda à ce jour béni des dieux. À mon grand étonnement et sans le vouloir, je réussis à trouver à l'intérieur de mon corps un endroit spécifique où l'excitabilité était décuplée en comparaison de celle obtenue avec la stimulation du clitoris. J'étais abasourdie et ravie de vivre « sur le tard » une telle découverte. Quoiqu'immense, mon plaisir fut de courte durée puisqu'en très peu de temps, je devins boulimique de ces sensations fortes. En fait, mon corps ressemblait à un puits sans fond où les orgasmes à répétition ne pouvaient jamais conduire à un réel assouvissement. Inquiète et inconfortable, je consultai à nouveau des livres sur la question. Je compris alors que j'étais « multiorgasmique ». L'orgasme multiple, selon ce que je lisais sur Internet, c'est un orgasme régulier suivi de plusieurs autres entrecoupés de périodes de « repos » de quelques instants. Voilà exactement ce que je ressentais sans toutefois arriver à un apaisement malgré des dizaines d'explosions consécutives. Je me jugeais complètement dysfonctionnelle et mon conjoint ne savait pas comment réagir à la situation. D'abord très fier de ses prouesses auxquelles il attribuait mon déblocage physique, il partagea ensuite ma préoccupation en m'encourageant à prendre conseil auprès de personnes qualifiées.

Je ne compte plus le nombre de spécialistes rencontrés au cours des dernières années pour discuter de ce problème de taille. Lorsque vous avez la sensation de porter une bombe atomique entre vos jambes, quand vous racontez à votre médecin de famille que vous seriez en parfaite érection jour et nuit si vous étiez un homme, quand vous réalisez votre difficulté à vous endormir tellement la pulsion sexuelle est intense, vous comprenez que vous êtes « dans le trouble ».

Pour réduire ma tension, j'ai opté pour les rapports fréquents, mon mari appliquant la devise des scouts, « toujours prêt », la masturbation quotidienne et l'abstinence occasionnelle ponctuée de relations lorsque je ressentais un trop-plein. Je dois ici rendre hommage à mon amoureux qui a été capable de s'adapter à mes caprices bien involontaires puisque j'étais en exploration de ma propre sexualité. Pourtant, rien ne pouvait me guérir. De plus, les thérapeutes consultés déclaraient n'avoir jamais vu ce phénomène dans leur pratique professionnelle. Psychiatres, psychologues, sexologues, acupunctrices, homéopathes, aucun d'eux n'arrivait à m'expliquer mon problème et à m'indiquer comment je pouvais me débarrasser de cette désagréable expérience.

Avec courage et humilité, je décidai de parler de ma situation à quelques amies qui, pensais-je, pourraient m'aider à voir clair. Cette démarche s'avéra inutile. Un jour, toutefois, ma collègue Nancy – lectrice assidue de toutes les nouvelles découvertes scientifiques sur le plan médical – m'informe qu'elle a trouvé de quoi je souffre. Il s'agirait du syndrome d'excitation génitale persistante aussi appelé « syndrome d'excitation génitale permanente ». Dans l'encyclopédie libre Wikipédia, on mentionne qu'il s'agit d'une « perception d'excitation génitale prolongée malgré l'absence de désir sexuel ou de stimulation sexuelle. On mentionne aussi « que le syndrome de cette condition affectant les femmes est généralement source de stress ». Je découvre enfin, après plusieurs années de questionnement, que la médecine traditionnelle a identifié ce problème et lui a donné un nom. J'apprends qu'aucun traitement tenté à ce jour pour régler le problème ne s'est avéré efficace. Je découvre enfin que plusieurs femmes souffrent du problème. Je ne suis plus seule au monde. Je décide de participer à un forum sur la question pour me rendre compte qu'aucune femme atteinte n'a guéri du problème et qu'elles vivent les mêmes inconvénients dont je souffre.

Ne voulant pas baisser les bras, je décide de retourner en thérapie pour essayer de découvrir la source même du problème plutôt que de travailler sur les symptômes. Après une année de rencontres hebdomadaires, mon thérapeute et moi arrivons à la conclusion que le seul remède est l'abstinence totale. La stimulation des zones génitales entraînant un problème de compulsion indomptable, il me conseille ce que l'on conseille aux personnes souffrant d'alcoolisme. Mon conjoint accepte la situation, car il peut vivre heureux sans vie sexuelle active. Il se considère avant tout un intellectuel et un cérébral. J'ai appris du forum sur la question qu'une légère médication peut, chez certaines personnes, réduire les effets du syndrome. Des femmes ont subi des interventions chirurgicales avec l'objectif d'insensibiliser les nerfs de la région génitale. Marcel Waldinger, un neuropsychiatre des Pays-Bas, a développé une expertise dans ce domaine et il travaille avec un groupe de femmes souffrant du syndrome. Je lui ai écrit pour connaître l'état de ses recherches. Il m'a informée qu'aucune thérapie ne s'était avérée concluante pour l'instant. Pour lui comme pour d'autres chercheurs américains, l'abstinence demeure la seule avenue efficace à court terme.

Ce nouveau tournant de ma vie, loin de m'insécuriser, me réconforte. À partir du moment où l'on connaît le problème, on franchit le premier pas. Les autres suivent plus facilement. Comme l'ont fait Gandhi et sa femme, j'accepte d'accéder à une nouvelle étape dans ma vie de couple. Je réalise que l'énergie sexuelle peut être canalisée et utilisée à bon escient. Je me demande encore ce qui aurait pu se produire si mon conjoint avait, comme d'autres, ressenti de grands besoins sexuels qu'il n'aurait pu assouvir avec sa partenaire. Cela aurait compliqué la situation.

Je précise ici que cette situation n'a jamais entravé les manifestations de tendresse que nous avons toujours eues l'un envers l'autre. Les bisous et les câlins ont encore toute leur place dans notre couple, plus encore qu'au début de notre passion orientée vers la génitalité. Faire chambre à part comporte des avantages. Un sommeil plus réparateur à l'heure choisie individuellement. La possibilité, pour chacun, d'avoir sa bulle pour quelques heures. Dans mon cas, la liberté de dormir avec deux de mes chats dont le ronronnement favorise mon repos. Je souligne ici, avec humour, que le ronflement d'un homme m'a toujours empêchée de bien dormir. L'abstinence sexuelle peut, dans certains cas, représenter une excellente avenue et la meilleure solution pour conserver un équilibre de vie. Il faut évidemment que cet état corresponde aux besoins des deux partenaires et non à un seul d'entre eux.

Pierre-Micheline est un oiseau de nuit. Il adore travailler alors que tout est calme dans la maison et pendant ces heures où le téléphone ne risque pas de sonner. Je suis un joyeux pinson, une lève-tôt, pour qui la créativité se manifeste mieux avant seize heures. Dans ces conditions, notre mode de vie est parfait. De plus, nous avons la chance d'avoir suffisamment d'espace pour profiter de nos pièces respectives, et j'en remercie la vie. Nous vivons en fait comme à l'époque des nobles qui avaient chacun leurs appartements et qui se visitaient régulièrement.

Cette longue parenthèse ne saurait se clore sans une précision : mon conjoint et moi n'avons pas abdiqué à tout jamais à avoir des rapports sexuels. Nous avons fait ce choix sans pour autant renoncer à la possibilité d'explorer à nouveau, dans le futur, l'union des corps. Nous ne considérons pas comme dramatique notre situation et nous constatons, en échangeant avec d'autres, que nous ne sommes pas les seuls dans cet état. Les gens créatifs, que ce soit dans le domaine artistique ou tout autre secteur d'activité, ont souvent cette intuition d'orienter leur énergie sexuelle vers l'accomplissement de leur mission. Ce n'est pas un phénomène étrange, malgré les préjugés à cet égard.

Le dalaï-lama estime que le désir charnel, s'il procure une satisfaction à court terme, complique les choses, tandis que la chasteté apporte une plus grande indépendance et une tranquillité d'esprit. « La pression sexuelle, le désir sexuel, je pense, procurent une satisfaction de courte durée et souvent, conduisent à davantage de complications », a expliqué le chef spirituel des Tibétains lors d'un entretien avec des journalistes, entre autres de l'AFP, une agence de presse mondiale, à l'occasion d'une visite privée au Nigeria.

Il est persuadé que la vie de couple cause trop de hauts et de bas. « Naturellement, en tant qu'être humain [...], une sorte de désir sexuel survient, mais alors on utilise l'intelligence humaine pour constater que ces couples ont toujours des problèmes. Dans certains cas, il y a des suicides, des meurtres. [...] En étant abstinents, nous passons à côté de quelque chose, mais si nous observons une vie entière, c'est mieux. Plus d'indépendance, plus de liberté », estime le prix Nobel de la paix, ajoutant que l'abstinence cause beaucoup moins de hauts et de bas.

Les moines bouddhistes doivent, en principe, vivre la chasteté de leur naissance à leur mort. Pour eux, c'est un mode de vie. Pour une personne ayant expérimenté la vie intime, il s'agit d'un choix qui n'est pas nécessairement définitif. Des circonstances extérieures, comme la maladie d'un des deux partenaires, peuvent conduire à ce choix. Un idéal élevé comme celui de Mohandas Karamchand Gandhi et sa conjointe Kastourbaï – qui ont eu ensemble quatre fils – peut aussi décider un couple à faire ce choix de vie.

Gandhi avait quatorze ans lors de son mariage et sa compagne n'avait que treize ans. L'union avait été consentie par les parents respectifs du couple. Dans une biographie de la vie de Gandhi écrite par Jacques Attali et publiée en 2007 aux éditions Fayard, l'auteur aborde cette question de la chasteté. Il est le seul à le faire malgré les nombreuses biographies sur ce célèbre personnage. On comprend de son texte que Gandhi était un grand jouisseur et qu'il avait délibérément renoncé aux plaisirs sexuels pour mieux se consacrer à sa mission de libérer son peuple du joug des Anglais. On apprend aussi que Gandhi dormait fréquemment auprès de jeunes femmes, et ce, avec l'approbation de sa conjointe. Selon Attali, Gandhi le faisait pour mieux dormir, mais également pour mettre à l'épreuve son vœu de chasteté. Cette anecdote me fait sourire et je m'interroge encore sur sa véracité.

En guise de conclusion partielle

Ma vie n'est pas meilleure ni pire qu'une autre. Un ami psychiatre m'a un jour fait comprendre que tous les chemins sont bons et que l'important n'était pas le chemin choisi, mais davantage le fait d'assumer ce choix et les conséquences de ce dernier.

Je laisse encore la parole à Christiane Singer, cette femme dont l'écriture magnifique lui a valu plusieurs prix littéraires. J'ai tant aimé cette auteure à la lecture de ses œuvres. Elle est malheureusement décédée en 2007 à la suite d'un cancer fulgurant. Elle était un peu plus âgée que moi, mais ses propos me rejoignaient intensément. Je me disais que je la lirais jusqu'à la fin de ma vie. Elle est partie trop vite. *Derniers fragments d'un long voyage*, son dernier livre a été écrit alors qu'elle se savait condamnée. C'est un livre qui m'a touchée profondément. Elle a rédigé pendant six mois, tout au long des traitements, jusqu'à son dernier pas vers l'au-delà.

Toujours au sujet du mariage, elle dit :

« Je ne peux pas abolir ton destin, ni t'éviter épreuves et difficultés, ni enrayer tes échecs, ni provoquer ta réussite, ni entraver tes rencontres. Impossible de prendre les commandes de ta vie, de m'immiscer entre toi et ta peau, de glisser mon doigt entre ton écorce et ton aubier. Je ne peux que t'assurer de ma loyauté – ne jamais laisser tarir le dialogue entre nous, le raviver de neuf chaque jour. Mieux encore : je ne peux que respecter l'espace dont tu as besoin pour grandir. Te mettre à l'abri de ma trop grande sollicitude, de tout envahissement de ces rhizomes souterrains que sont les discrètes et indiscrètes manipulations de l'amour [*Éloge du mariage, de l'engagement et autres folies*, éditions Albin Michel]. »

La vie de couple peut devenir routinière. Elle est parfois accablante de frustrations lorsqu'il n'y a plus de communication significative. Par contre, l'engagement a quelque chose d'édifiant qui participe à l'état de grâce. Il conduit vers des lieux que je veux sécurisant pour mon conjoint à qui je peux déclarer ce qui suit : quoiqu'il t'arrive, je resterai près de toi pour t'accompagner dans ta solitude. Je serai là pour t'aider à traverser le troisième âge.

Christiane Singer dit du mariage qu'il ne se contracte pas, qu'il se danse. Je me rallie à son point de vue. Oser l'engagement en ce siècle où tout est remis en question, où même les institutions volent en éclats, représente un magnifique et grand pari. L'audacieuse décision de cheminer main dans la main avec un pur étranger relève-t-elle de la folie ? Sûrement. C'est pourquoi j'ai choisi d'accomplir ce projet avec une personne aussi marginale que je le suis moi-même. Un partenaire différent en qui j'ai néanmoins une confiance totale. Un tendre amoureux avec qui je partage des valeurs fondamentales : l'honnêteté, la loyauté, la générosité, le respect, la compassion et le sens du devoir. Un homme avec lequel, tout compte fait, je ne risque pas de m'ennuyer. Jamais !

Message d'espoir

La liberté et l'engagement peuvent cohabiter harmonieusement. Chaque individu est responsable de son bonheur et il ne doit pas l'attendre d'un autre. L'amour est la clé pour réussir une vie de couple épanouie, mais il ne suffit pas. Il faut également une volonté commune de partager cet idéal à laquelle vous ajoutez les ingrédients suivants : l'humour, le respect, la patience, la confiance et la fantaisie.

Michelle Blanc, une femme remarquable

« L'amour est le miracle d'être un jour entendus
jusque dans nos silences, et d'entendre en retour
avec la même délicatesse : la vie à l'état pur,
aussi fine que l'air qui soutient les ailes des libellules
et se réjouit de leur danse. »

Christian Bobin

Michelle Blanc, une femme remarquable

Au firmament des médias sociaux, une étoile brille plus que les autres. C'est la Vénus de Facebook, le Soleil de Twitter et la Mercure de tous les cyberespaces où elle se déplace à la vitesse de l'éclair. Nommez un média social et vous y trouverez Michelle Blanc. Elle est partout !

Née Michel Leblanc, Michelle est une femme d'affaires québécoise. Elle est aussi auteure, conférencière et blogueuse spécialisée dans les questions de stratégie et de *marketing* Web. L'une des premières titulaires de la maîtrise ès sciences du commerce électronique de l'Université de Montréal, elle devient rapidement la gourou des réseaux sociaux. On la surnomme la « papesse du Web », surnom qui lui va à merveille.

Au début de l'année 2008, lors du Big Idea Chair, Yahoo Canada lui consacre deux pages pour l'honorer de sa prestation comme pionnière et *leader* dans le monde des réseaux sociaux. Depuis, elle ne cesse de cumuler les prix de reconnaissance. Son succès n'a d'égal que l'envie inévitablement suscitée par sa performance.

Les médias sociaux 101, son volume paru en septembre 2010 aux éditions Logiques, se veut une initiation des néophytes à l'univers des réseaux sociaux. Adulé par les uns et attaqué par les autres, le livre se vend bien. Comme une reine trônant au royaume du Web, Michelle a ses adeptes et ses admirateurs, mais aussi ses détracteurs. Un monarque n'échappe pas à la réprobation. Dans le cas de Michelle, la critique vient surtout des gens du milieu journalistique. Mon analyse sommaire de la situation vous paraîtra simpliste : Michelle a réussi à prendre une place, la sienne, autrefois dévolue de plein droit aux reporteurs traditionnels. Ces derniers se rallient à elle ou décident de lui déclarer la guerre. Je remarque que les couteaux volent bas et que les occasions pour mettre Michelle au pilori ne manquent pas. Cette attitude me choque et me rappelle la vieille compétition entre les thérapeutes de médecine classique et ceux des médecines douces et holistiques. Fort heureusement, je constate une évolution à cet égard puisqu'une association des deux groupes se crée maintenant pour le bien-être des patients. J'ose espérer que les journalistes finiront par comprendre cette réalité que les médias sociaux ont leur place dans une société moderne, que l'on aime ou pas. Je pense à l'adage anglais : "If you can't beat them, join them", qui veut dire que l'on a intérêt à se rallier lorsqu'il est impossible de combattre. Il ne faut jamais renoncer à ses convictions et à ses valeurs. Toutefois, avant de condamner et de rejeter, mieux vaut connaître les enjeux et évaluer la situation.

Pourquoi considérer Michelle Blanc comme une personne d'exception ? Pour moi, l'histoire commence le 23 novembre 2008 alors que Michelle est reçue à *Tout le monde en parle*, émission animée à la télévision par le Québécois Guy A. Lepage. Je suis rivée à l'écran et j'écoute avec attention chaque mot prononcé par cette invitée spéciale. À travers les propos de Michelle, une phrase m'atteint en plein cœur comme un boulet de canon. Je résume une partie de l'entrevue :

« Un samedi matin, ma conjointe et moi écoutions une émission avec l'animateur Larry King. Une transsexuelle y témoignait accompagnée de ses deux enfants. Ma conjointe me demande ce que je ressens, car je vis des enjeux dont nous avons déjà parlé elle et moi. Spontanément, je lui réponds : "Si tu mourais, je ne me poserais pas de questions et je changerais de sexe." Quand j'ai verbalisé cela, mon cerveau est parti à trois cents kilomètres à l'heure, j'ai repassé ma vie en trente secondes, j'ai revu tous les mécanismes mis en place depuis ma tendre enfance et ceux-ci venaient de tomber instantanément devant la femme avec laquelle je vis depuis quinze ans. »

Sa conjointe, que Michelle surnomme affectueusement "Bibitte électrique" en raison de la passion de celle-ci pour la musique et pour taire son identité, a alors décidé de consulter le psychiatre de Michelle. Bibitte et elle s'aiment profondément et leur couple a vécu une rupture de février à août. Michelle ouvre une parenthèse pour distinguer l'identité sexuelle de l'orientation sexuelle. Avec une touche d'humour, elle avoue être sensible à la flatterie masculine et déclare qu'elle pourrait éventuellement devenir bisexuelle. Elle affirme que ce n'est pas le cas pour l'instant et qu'elle est encore attirée par les femmes, particulièrement la sienne. Avec le sourire, elle dit qu'elle est probablement lesbienne. Michelle nous fait comprendre que Bibitte a donc une énorme adaptation à vivre et que le couple traverse ensemble cette épreuve. Michelle parle aussi de pénibles moments subis en raison des moqueries extérieures et du fait qu'elle a été obligée d'apprendre à gérer le mépris.

Cette émission me trouble. Je repense aux émotions ressenties au cours de mes premières années de fréquentation avec Pierre-Micheline. J'entends et saisis ce que Michelle Blanc explique et je m'interroge à mon tour. Si je mourais, est-ce que mon conjoint changerait de sexe sans se poser de question ? J'admire le courage de Michelle et l'abnégation de Bibitte qui reprend la vie commune avec son amoureux en acceptant que celui-ci devienne extérieurement ce qu'il a toujours été intérieurement : une femme. Tout en demeurant hétérosexuelle, elle renonce par le fait même à son homme. Devant ce couple assumé, je me juge. Je me demande sans cesse quel serait le choix de Pierre si je lui offrais l'assurance de rester à ses côtés le jour où il ferait disparaître la moindre trace de masculinité pour laisser toute la place à Micheline. N'osant affronter la réponse, je place soigneusement le sujet dans un placard cadenassé à double tour.

Chère Michelle, si un jour vous lisez ces lignes, vous saurez à quel point vous m'avez ébranlée. Je vous en remercie, réalisant que je n'avais pas suffisamment creusé cette question et que je portais inconsciemment un lourd fardeau. Comme les mécanismes de déni dont vous faites mention, je ne voulais pas connaître la vérité de peur de ne pouvoir l'assumer comme Bibitte l'a fait après avoir réfléchi pendant quelques mois.

Vous saurez aussi que j'ai récemment repris contact avec vous après avoir entendu une émission à la radio dans laquelle, cette fois, vous ne parliez pas de la transsexualité, mais bien du phénomène des médias sociaux. Ce fut une occasion pour moi d'écouter à nouveau cette entrevue de 2008 archivée sur votre blogue et d'avoir quelques sueurs froides.

Vous apprendrez enfin que vous avez exercé sur moi une telle influence que j'ai changé mon fusil d'épaule et viré à 180 degrés à ce sujet. La veille de cette diffusion, mon conjoint peut en témoigner, j'affirmais haut et fort que je n'adhérerais JAMAIS à Facebook. Une seule entrevue avec vous a fait basculer tous mes préjugés et m'a permis de comprendre que les médias sociaux sont à notre service et non l'inverse. Vous m'avez ouvert les yeux et vous avez activé mes neurones pour utiliser intelligemment ce réseau ou tout autre véhicule disponible sur le Web. Instantanément, j'ai saisi qu'il est aussi logique de naviguer sur Facebook que ce l'est de prendre l'avion pour se rendre à Paris, où vous séjournez au moment où j'écris ce texte. (Je le sais justement par votre blogue personnel sur Facebook.) Personne n'aurait idée d'aller à pied ou en calèche de Québec à Montréal. Pourquoi renoncer à utiliser la modernité avec jugement et discernement ? Comme bien d'autres, je résistais par ignorance et par peur d'avoir peur. Depuis quelques semaines, je suis membre actif de Facebook et le ciel ne m'est pas encore tombé sur la tête. Pour l'instant, j'y ai limité le nombre de mes amis à des personnes que je connais, mais viendra peut-être le jour où ma liste grandira lorsque l'objectif de *marketing* de ma vie professionnelle sera bien défini et qu'il s'inscrira logiquement dans une démarche structurée et planifiée. Tout cela, je l'ai appris de vous et je vous en remercie publiquement.

Je dois aussi préciser que Facebook m'aide à communiquer plus régulièrement avec mon ami Olivier qui me demandait d'y adhérer depuis très longtemps. Je n'avais pas compris que son handicap, pour des raisons techniques, lui permet d'interagir plus efficacement sur Facebook que sur son blogue « Carpe Diem ».

Je ne peux terminer ce chapitre sur Michelle et Bibitte qu'en revenant sur la question existentielle, celle que j'ai enfin réussi à poser à mon mari, non pour me rassurer, mais pour m'assurer que celui-ci n'a pas refusé de devenir ce qu'il est profondément dans la seule optique de ne pas me perdre. La réponse de 2010 de Pierre-Micheline se résume à ceci :

« Je suis une personne transgenre et pas une transsexuelle. Si je préfère porter des vêtements féminins, je ne rejette pas pour autant ma masculinité. À aucun prix, que tu sois vivante ou morte, je ne déciderais de subir des interventions chirurgicales pour modifier mon corps. Une transsexuelle n'a pas vraiment le choix, car si elle ne poursuit pas sa démarche, elle pensera inévitablement au suicide. Pour une personne transgenre, cela se passe autrement. Cette dernière se sent confortable avec sa masculinité, mais elle adore explorer l'univers féminin par l'habillement, le maquillage et les bijoux. On peut dire que la transgenre se situe à cinquante sur une échelle de genre humain d'un à cent et qu'elle accepte cette dualité. Pour une personne transgenre, le problème ne se situe pas en elle-même. Il vient des autres qui rejettent sa différence. Pas question pour moi de dire adieu à mon appareil génital, d'envisager une transformation de mon visage ou de me faire installer des implants mammaires sous-cutanés. Par contre, je n'aime pas le poil sur le corps et je choisis, une ou deux fois par année, de me rendre chez l'esthéticienne pour une épilation à la cire. Sous ma robe, je place des prothèses externes dans mon soutien-gorge comme le font des femmes ayant subi une ablation des seins. Je peux facilement avoir du bonnet A, B ou C, selon le style que je recherche. Michèle, tu peux dormir sur tes deux oreilles avec nos deux chats roux. Je suis totalement à l'aise avec mon corps tout en aimant porter des vêtements de femme. Et puis n'oublie pas que tu as connu ton premier grand orgasme au contact de mon pénis. Ce petit bout de mon anatomie s'est avéré trop fonctionnel et efficace pour le faire disparaître. Même si nous avons mis notre vie sexuelle entre parenthèses, rien ne prouve que nous n'y reviendrons pas un jour. »

Ces propos m'ont rassurée et ils m'ont aussi donné la conviction que mon conjoint ne vit pas un état de privation pour me garder près de lui. Je l'« intuitionnais » depuis le début de notre union. J'en ai aujourd'hui la certitude.

Michelle et Bibitte vivent autre chose et je ne peux qu'admirer les qualités de ces deux personnes amoureuses : authenticité, intelligence et courage, sans oublier l'humour qui se retrouve toujours au cœur des billets et commentaires de Michelle.

Je n'ai pas encore rencontré Michelle et sa conjointe, mais je suis maintenant en contact avec les deux sur Facebook. Cette expérience virtuelle avec elles et mes autres liens me permet d'apprivoiser l'univers des blogueurs. Sans le savoir, Michelle m'a aussi fait comprendre que je naviguais déjà dans ce monde depuis plusieurs années avec Flickr, où je partage des photos prises dans la vie quotidienne, et dans le jeu « Second Life » avec mon avatar Axelia. Adepte du traitement de l'image avec Photoshop, j'ai adhéré à Flickr sans même réaliser qu'il s'agissait d'un réseau social. J'y ai pourtant plus de neuf cents contacts. Le cours « Média 101 » était pour moi, il n'y a pas de doute. Merci, Michelle !

Message d'espoir

D'une situation complexe et difficile, nous pouvons sortir renforcés et grandis par l'expérience. Accepter d'adapter notre parcours en laissant parler le cœur et l'esprit nous conduit parfois à des bonheurs inusités. Découvrir notre propre identité nous offre l'occasion d'être plus épanouis, de nous aimer et de pouvoir aimer en retour.

Le chemin du cœur, celui de mon frère Louis

« Le véritable lieu de naissance est celui où l'on
a porté, pour la première fois,
un coup d'œil intelligent sur soi-même. »

Marguerite Yourcenar

Le chemin du cœur, celui de mon frère Louis

Il y a plus de 2 000 ans, Socrate et, par la suite, son disciple Platon se firent tous deux les promoteurs de la recherche de l'identité fondamentale. S'inspirant d'une inscription gravée sur le temple de Delphes, Socrate préconisa la quête d'un mieux-être sur la base de l'introspection. « Connais-toi toi-même », disait-il à ceux qui l'interrogeaient sur la meilleure façon d'atteindre la sérénité, l'amour véritable et, finalement, le bonheur.

Il y a quelques années, mon frère Louis commença à son tour cette exploration, constatant qu'il est plus aisé de savoir qui nous sommes devenus que de découvrir qui nous sommes réellement.

Dans la nuit du 11 août 1990, il fit une rencontre avec cette entité intérieure qu'il appelle affectueusement le « petit Louis ». Il prit alors l'engagement inconditionnel d'aimer, de chérir, de respecter et de faire respecter cet enfant reconnu. Au fond de lui-même, il sentit toutefois que cette entreprise exigerait beaucoup de courage et de patience.

Réalisant la difficulté inhérente à son projet, il eut aussi conscience qu'il était lui-même la source de son malheur et de sa détresse. Tantôt à son insu, tantôt délibérément, il avait en effet mis en place une multitude de comportements, de pensées et d'agissements visant essentiellement à nier la présence de cette entité ainsi que ses valeurs, ses attentes et ses besoins. Il avait effectivement reproduit la technique de négation de cette partie de lui-même, refusant d'écouter son langage et ses émotions. Il avait perfectionné celle-ci au point d'emmurer littéralement son enfant intérieur en cherchant de toutes les façons inimaginables à le faire taire. Il connaissait fort bien l'art d'anesthésier cette souffrance qu'il sentait au plus profond de lui-même et qui n'avait jamais cessé d'augmenter au fil du temps, gâchant toutes ses tentatives d'atteindre le bonheur.

Ces mécanismes de défense mis en place sur la base d'une vie entière représentent le fondement de ce que nous sommes devenus au détriment de qui nous sommes ou de qui nous étions lors de notre conception, de notre naissance et de nos premières années sur terre. Ces mécanismes engendrent « un enfant adapté » qui a pris la place de l'enfant sain et heureux, contraignant celui-ci à se cacher très loin. C'est l'état de survie.

La distance qui sépare notre moi apparent de notre moi profond reste néanmoins minime du fait que ce qui les éloigne a été imprimé chez le moi adapté à partir de données venant de l'extérieur, soit des parents, des éducateurs et, de façon générale, de l'entourage.

Déjà, au départ, l'espace physique n'existe pas entre les deux entités puisqu'elles partagent corps, âme et esprit. Elles sont aussi complémentaires. Les besoins de sécurité, d'identité et d'estime personnelle et les besoins d'aimer et d'être aimé ressentis par l'enfant peuvent en effet cohabiter harmonieusement avec les désirs de sexualité, de gratitude, de croyance en une puissance supérieure et celui de se réaliser. Cela représente le but à atteindre.

Dès l'instant où les deux entités se rencontrent, se reconnaissent et constatent qu'elles sont inséparables, elles aspirent intensément à une communion et elles reproduisent la fusion initiale entre la mère et l'enfant. Le nouveau lien parental se substitue alors à celui que nous avions connu dans les premières années de notre vie et cette réunion nous permet de trouver le bonheur.

Le travail de rapprochement doit commencer le plus tôt possible afin d'éliminer tous les comportements, toutes les attitudes et toutes les pensées qui ont nié l'existence de l'une au détriment des deux.

L'enfant intérieur reconnu par mon frère souffrait profondément et il avait donc choisi, à défaut d'amour, la destruction et le suicide. La nuit du 11 août 1990, les deux parties se sont rencontrées. Pour la première fois, le petit Louis se rendit compte que le grand Louis, dont il partageait le corps, avait décidé de reconnaître non seulement son existence, mais également de l'aimer, de le chérir, de l'estimer, de le respecter et de le faire respecter conformément à l'engagement pris cette fameuse nuit.

« Connais-toi toi-même, disait Socrate. Qui es-tu ? Que veux-tu ? Qu'attends-tu de moi ? Qu'espères-tu de moi ? » disait essentiellement mon frère Louis au petit Louis dont il venait d'admettre l'existence.

Pour combler de façon satisfaisante les besoins du petit Louis, il comprit qu'il devait d'abord éliminer tous les obstacles qu'il avait consciemment, ou non, dressés entre eux.

Maître admirable dans l'art d'être heureux, mon frère Louis se distingue aussi par un don inné pour la communication verbale. Doté d'un puissant charisme et d'une incroyable aptitude à convaincre, on s'étonne qu'il ne soit pas devenu l'un de ces chefs de file entourés d'adeptes. Il aurait certes pu atteindre cette notoriété et je suis persuadée qu'il en a toujours été conscient. Il a délibérément opté pour une autre voie, réalisant l'écueil inévitable qui attend tous les gourous de la planète. Louis a aussi beaucoup souffert physiquement et moralement. Il a subi trois sérieuses interventions cardiaques résultant d'une valve aortique déficiente et il a vécu plusieurs morts cliniques. Ces épreuves lui ont laissé des marques indélébiles et lui ont permis de se forger une idée particulière de la survie de l'âme après le décès du corps. Sans prétendre à une certitude, car le doute habite l'homme jusqu'à son dernier souffle, il opte quand même pour la croyance en une continuité de l'être comme entité consciente et individuelle.

Lorsque je songe à des gens d'exception, Louis me vient spontanément à l'esprit. Guide spirituel non seulement pour moi, mais aussi pour des centaines de personnes qui me transmettent des courriels pour me demander de ses nouvelles, il jouit d'une personnalité attachante impossible à oublier. Sa vive intelligence aurait pu le perdre. Heureusement, elle l'a conduit, avec l'aide de son intuition, vers le bonheur.

Mon frère a donc connu l'expérience de mourir et de revenir à la vie en toute conscience. Trois de ces passages se sont produits en subissant une chirurgie et les autres, en raison d'une dysfonction de son cœur. Lors d'un de ces événements, il a traversé le tunnel de lumière et il dit avoir rencontré notre papa, décédé en 1961, et un de ses bons amis, fauché par un cancer quelques années auparavant. Les deux l'attendaient et lui firent comprendre qu'ils éprouvaient du plaisir à le revoir. Un arrêt cardiaque survenu en 2010 l'a encore plongé dans ce questionnement sur la vie et la mort. Revenu deux fois à la vie à cinq minutes d'intervalle, grâce à un stimulateur cardiaque inséré en permanence sous la peau de son épaule, il vécut donc deux morts cliniques rapprochées. Cette occasion lui permit à nouveau de traverser le tunnel, mais il se souvient aussi qu'une autre partie de lui restait à proximité de la terre. Il eut alors la conviction qu'il pourrait, après son décès, continuer à nous protéger, un peu comme le ferait un ange gardien. C'était la première fois qu'il faisait cette prise de conscience. Au cours des deux mois suivant cet événement, il revécut fréquemment la sensation de mort imminente. Il dit de cette épreuve difficile qu'elle peut conduire à désirer partir « une fois pour toutes » tellement elle terrifie celui qui la subit. On ne doit pas s'étonner de cette peur, même chez une personne ayant déjà expérimenté l'arrêt des fonctions vitales. Tant que nous ne sommes pas définitivement passés de l'autre côté du miroir, tant qu'une possibilité de revenir subsiste, l'instinct de survie nous habite. C'est le paradoxe.

Pendant plusieurs années, mon frère a également souffert d'un problème de dépendance affective qui le portait à boire démesurément et à se détruire à petit feu. Après avoir lutté courageusement contre l'alcoolisme, notamment en fréquentant le groupe des AA où il a souvent offert des témoignages touchants, il s'engagea dans un autre combat non moins ardu, celui de vaincre la source de sa dépendance affective. Sa route vers la libération et la sérénité a inspiré des centaines de personnes qui ont décidé de suivre cette même route pour accéder à une meilleure qualité de vie. Grâce au partage de son vécu, il a insufflé à ces gens la volonté de choisir le bonheur au lieu de continuer à broyer du noir. Je lui ai souvent suggéré de rédiger ses mémoires pour nous laisser un précieux héritage. Il n'a pas acquiescé à ma demande, non par égoïsme, mais bien parce qu'à cet égard, il a toujours favorisé la parole plutôt que l'écriture. Inquiète de voir disparaître à tout jamais son savoir et son enseignement dans l'art de vivre sereinement, me répétant que les paroles passent et que les écrits restent, j'ai décidé d'écrire à sa place.

J'estime mon frère Louis digne de confiance. Je le perçois aussi comme un guide extraordinaire qui a réussi à s'extirper de la souffrance pour accéder à un véritable état de confort et de bien-être dans cette présente incarnation, tout en ayant la foi dans une possibilité de vie après la mort physique. Grâce à lui, j'ai pu accomplir le dernier, mais essentiel pas vers ce même état de contentement que nous recherchons tous et pour lequel notre passage sur terre prend son sens. Je l'en remercie sincèrement, car il a grandement contribué à mon bonheur quotidien.

« Le bonheur qui est la recherche de toute âme a son secret dans la connaissance de soi. L'homme cherche le bonheur non pas parce que le bonheur est sa nourriture, mais parce que le bonheur est son propre être. Par conséquent, en cherchant le bonheur, l'homme se cherche lui-même. Ce qui donne à l'homme l'inclination à chercher le bonheur est le sentiment d'avoir perdu quelque chose qu'il a toujours possédé, qui lui appartenait, qui était son propre être, bien que l'absence de bonheur qu'une âme ait éprouvée depuis le jour où elle est venue sur terre et qui a augmenté jour après jour rende l'homme oublieux que son propre être est bonheur; il pense que le bonheur est quelque chose qui est acquis. Puisque l'homme pense que le bonheur est quelque chose qui est acquis, il s'efforce sans cesse en toute direction de l'atteindre. À la fin, après tout son effort, il trouve que le bonheur réel n'appartient pas à ce qu'il appelle les "plaisirs". »

Pir-o-Murschid Hazrat Inayat Khan

Mon premier livre et les livres qui ont suivi représentent aussi pour moi des pas importants dans l'apprentissage du bonheur et de la connaissance de soi. Chacun de mes sept livres se veut le miroir de moments de mon existence au cours desquels j'ai découvert des stratégies pour améliorer ma qualité de vie. En publiant ces étapes et ces outils d'évolution, j'ai très rapidement réalisé que d'autres personnes poursuivaient cette même quête et désiraient trouver au bout du tunnel une lumière pour éclairer leurs choix.

La trajectoire que mon frère Louis a prise s'est imposée d'elle-même le jour où, las de souffrir moralement, il a décidé d'en finir. Il pressentait inconsciemment que le suicide ne réglerait pas son problème définitivement, mais il aspirait, un seul court instant, à faire taire cette douleur profonde qui l'habitait depuis trop longtemps. Le soir même où il devait passer à l'acte, il croisa sur sa route celui qui l'empêcha de partir prématurément et qui changea à tout jamais le cours de son existence. Cette rencontre lui permit également de saisir pourquoi des gens se sentent heureux et d'autres, pas. Elle le conduisit enfin à ne plus souffrir en trouvant le chemin de l'estime de lui et du bonheur. Ce projet de suicide avorté fut certes providentiel pour Louis, mais aussi pour tous ceux qu'il a généreusement aidés par la suite.

En écrivant à son sujet, j'ai demandé à mon frère son accord pour vous transmettre, au mieux de ma compréhension, les étapes qu'il recommande de suivre pour accéder à la joie de vivre. J'ai expérimenté ces phases et je suis persuadée qu'elles sont salutaires au processus de guérison. Quant à Louis, il les considère comme essentielles à une guérison totale. Celles-ci peuvent très bien cohabiter avec une approche médicale traditionnelle ou une thérapie en psychologie. Le mal à l'âme se soigne de bien des façons. Ceux qui régularisent leur condition de santé avec une médication prescrite ne devraient jamais la cesser sans en parler préalablement à leur médecin. Les propos contenus dans ce livre se veulent une aide additionnelle et non un substitut à des traitements en cours.

La prémisse des trois étapes suggérées ici repose sur l'idée que le mal-être prend notamment sa source dans la méconnaissance qu'un individu a de lui-même. Nous venons sur terre pour trouver notre identité.

Voici un extrait du livre *Pour mieux connaître votre identité*, de Nicolas Sarrasin :

« L'identité est un trésor qui ne se laisse pas facilement découvrir. Elle n'englobe pas seulement nos pensées et notre corps, mais aussi toutes nos connaissances personnelles.

» L'identité occupe un rôle fondamental dans notre vie puisqu'elle se retrouve à la base de l'estime de « soi », de la confiance en « soi », de l'équilibre intérieur, des relations harmonieuses avec les autres et de notre capacité à nous réaliser.

» L'identité constitue une plateforme à partir de laquelle s'approfondit chacune de nos expériences. Il n'est donc pas surprenant qu'elle entretienne un rapport privilégié avec le degré de bien-être que nous vivons chaque jour. »

Les trois étapes pour renaître à une vie saine et heureuse

Première étape

Identification des obstacles

La première étape consiste à reconnaître tous les obstacles qui m'empêchent d'accéder à mon identité. En d'autres termes, à ce stade, je dois découvrir toutes les activités anesthésiantes qui se sont installées à mon insu pour refouler ma souffrance et qui obstruent ma vision de qui je suis vraiment.

Cette prise de conscience est fondamentale, car tôt ou tard l'individu qui choisit d'éloigner celle-ci fera face à des problèmes de santé physique ou mentale constituant un cri d'alarme pour l'inviter à regarder la vérité en face.

A priori, il semble aisé d'identifier toutes les occupations qui me servent de fuite. Pourtant, cette étape n'est pas toujours franchie avec succès par bon nombre de personnes. La raison est simple : plusieurs de celles-ci se retrouvent au sein d'activités quotidiennes jugées saines et productives aux yeux de la société. On pourrait croire que la liste des anesthésiants se limite à des tendances comme l'abus de drogue ou d'alcool, mais c'est inexact. On peut en effet les détecter dans toute occupation qui m'empêche de prendre contact avec qui je suis réellement.

À titre d'exemple, le travail représente une puissante échappatoire valorisée par tous. De plus, il offre avantageusement une justification de taille à nos propres yeux. En bossant comme un forcené, en ne comptant pas ses heures de travail, l'individu a bonne conscience. Il se retrouve pourtant aliéné par le boulot et en constant déséquilibre émotif. La maladie se pointe en signe d'avertissement. Problèmes d'infarctus, de cancer ou de dépression se trouvent malheureusement à la croisée des chemins des gens compulsifs. L'adage suivant : « Travailler pour vivre et non vivre pour travailler » prend alors tout son sens. Lorsque l'on devient esclave de son emploi, on devrait certainement se poser des questions sur la motivation profonde de ce choix de vie. Suis-je en train de me fuir sous prétexte de produire davantage ? Notre société de consommation ne valorise pas le fait de s'accorder le temps de vivre et de s'épanouir. Certains gestionnaires abusent de la main-d'œuvre de façon sournoise, encourageant la compétition entre salariés plutôt que l'esprit d'entraide et d'équipe. À ce sujet, une expérience de travail pour une prestigieuse compagnie m'a permis de constater l'importante dérive qui ne semble pas sur le point de s'arrêter. Le personnel est dirigé avec un militarisme rigide auquel personne ne peut se soustraire. La reconnaissance du bon jugement a, hélas, peu de place au sein d'une telle entreprise où les profits représentent la seule norme d'évaluation du travail. Mises de côté, les valeurs de conscience et d'impartialité ne sauraient être appréciées. L'employé à qui l'on demande, avant toute chose, d'exécuter les procédures en fermant les yeux sur des notions de justice et d'équité devient un automate.

Le matérialisme dans lequel notre société est plongée, l'ambition de certains gestionnaires et celle fondée sur l'espoir de profits impressionnants entraînent, hélas, une déshumanisation. Les salariés passent et les entreprises restent. Comme le dit fièrement une directrice générale avec laquelle j'ai travaillé, « si les insatisfaits quittent la barque, on les remplacera par d'autres ». Les esprits faussés par la peur de perdre un gagne-pain ou par une convoitise démesurée envahissent peu à peu les institutions avec pour résultat une collectivité déficiente physiquement et moralement. On ne doit pas s'étonner de trouver un nombre grandissant de personnes atteintes de la maladie d'Alzheimer, dont l'origine exacte n'est pas déterminée par les chercheurs scientifiques. Lorsque la somme de nos actes devient un poids pour notre conscience, la mémoire préfère ne pas se souvenir. Elle s'évade dans un passé lointain où elle n'était pas encore contaminée, où elle ressentait le droit d'exister en toute légitimité. Il est plus facile de ne pas voir les causes spirituelles de la maladie et de se réfugier dans des explications plus rationnelles, écartant toute responsabilité.

Un autre anesthésiant sournois et très populaire se retrouve dans la pratique excessive d'un sport ou d'un programme d'entraînement. L'être humain est composé d'un corps, d'un intellect et d'une âme. En mettant toutes nos énergies sur le physique, nous créons nécessairement un déséquilibre. La propagande commerciale valorise l'enveloppe aux dépens du contenu. La chirurgie esthétique poussée à l'extrême témoigne d'un malaise grandissant des habitants de notre planète. Certaines personnes y ont laissé leur vie, avant même d'avoir réalisé la futilité de leur geste. Je pense notamment à Solange Magnano, Miss Argentine en 1994, mère de jumeaux, morte à la suite d'une embolie pulmonaire le 20 novembre 2009, après une intervention pratiquée à Buenos Aires ayant pour objectif d'augmenter le volume de ses fesses et d'en améliorer le galbe. Le protocole opératoire comprenait des injections et le liquide a débordé dans ses poumons et son cerveau. « Une femme qui avait tout a perdu la vie pour un derrière un peu plus ferme », a déclaré son ami Roberto Piazza.

Tous ces anesthésiants ne visent qu'un seul but : faire taire cette souffrance intérieure, ce mal de vivre qui nous rend malheureux. Nous fuyons alors dans une occupation, en remettant toujours à plus tard cette rencontre avec nous-mêmes pourtant inévitable puisque celle-ci demeure la raison fondamentale de notre passage sur la terre.

Voici un extrait de mon livre, *Le goût d'être heureux* (chapitre 9) :

Toutes les activités d'une personne en état de dépendance affective peuvent constituer une diversion à son mal-être. Habituellement, elle se prépare un cocktail de moyens d'évasion pour ne pas risquer de se retrouver, ne serait-ce qu'une petite heure, dans un état de souffrance intolérable.

On peut énumérer les principaux anesthésiants utilisés par les dépendants affectifs, mais la liste serait en fait illimitée. On a cependant remarqué que certains d'entre eux sont plus courants que d'autres : le travail, la consommation d'alcool, la consommation de nourriture, la masturbation, le jeûne, le sport, les tâches ménagères, l'usage du tabac ou de la drogue, l'écoute de la musique, le sommeil, la lecture, le cinéma.

Comment peut-on savoir si une activité ou une substance constitue une façon d'éviter de faire face à la souffrance ou si, au contraire, celle-ci aide à rebâtir l'estime de soi tout en offrant du bon temps, sans toutefois que son effet soit magique ?

L'anesthésiant procure instantanément un effet apaisant et gèle la souffrance. Mais, pour être efficace, il doit être consommé en doses de plus en plus grandes. Les personnes souffrant de boulimie ne peuvent se contenter d'une consommation de nourriture équilibrée et modérée. Elles mangent de grandes quantités de nourriture, et très rapidement. Elles ne goûtent pas vraiment aux aliments; elles se gavent pour éviter de souffrir. Une fois l'orgie terminée, elles ne sont pas plus heureuses. De plus, elles se créent un problème d'embonpoint. Les grands buveurs se comportent un peu de la même façon. Ils ne peuvent cesser de boire que lorsqu'ils arrivent au fond de la bouteille. Mais la soif demeure, car ce n'est pas d'alcool dont ils ont véritablement soif, mais bien de liberté intérieure.

Démasquer ses anesthésiants n'a pas pour objectif de supprimer toutes les activités que l'on aime pour ne se consacrer qu'à la souffrance. Il s'agit plutôt de déterminer si la décision de s'adonner à une activité est motivée par le besoin de s'étourdir et de se distraire de la souffrance, ou si elle est libre de toutes contraintes. Il peut s'avérer nécessaire, pour un certain temps, de supprimer la plupart des activités utilisées comme moyens d'apaisement de la souffrance afin d'effectuer le travail de nettoyage en profondeur. Mais cette interruption ne sera que temporaire. Lorsque l'on a surmonté le problème de la dépendance affective, on peut revenir, le cœur léger, à la pratique de tout ce que l'on aime. Le plaisir que l'on en retire alors est encore plus grand puisqu'il ne masque plus notre désarroi.

Un anesthésiant très puissant se retrouve chez des femmes qui ne se sentent totalement heureuses qu'avec des bébés. Dès que le cadet a quitté le stade des couches, elles tombent enceintes à nouveau. Donner la vie demeure un acte humain extraordinaire. Avoir des enfants année après année peut révéler une pathologie. Il est intéressant de remettre en question cette situation sans porter de jugement. Je connais de ces familles où la mère est usée et souffre de dépression, où les aînés deviennent trop jeunes responsables des cadets, où le père doit avoir deux ou trois emplois pour subvenir aux besoins de ses « ouailles ». De l'extérieur, les grandes familles suscitent l'admiration. Elles ne garantissent pas pour autant un épanouissement des parents et de leur progéniture.

Un anesthésiant sournois peut aussi se retrouver dans le bénévolat qui permet de s'étourdir pour de bonnes causes. Peu importe la diversion utilisée, la vie nous avertira soit par un problème de santé, un accident de parcours ou un acte manqué. Voici la définition du *Dictionnaire philosophique* concernant l'acte manqué : « L'acte manqué est une action non voulue qui produit des effets non désirés. L'absence de volonté est cependant contenue dans le champ de la conscience, si l'on en croit la psychanalyse. En effet, l'acte manqué serait voulu inconsciemment. Il serait la manifestation d'une part de [nous-mêmes] que nous ne contrôlons pas à un instant donné. Quant aux effets non désirés, la logique serait la même. Si l'on exclut le hasard de toute explication concernant le réel, aucun acte alors n'est gratuit et donc ses effets ont un sens. Le psychanalyste y trouve d'ailleurs le triomphe de refoulements qui parviennent à s'exprimer en public. Les actes manqués seraient ainsi le miroir qui reflète notre plus profonde intériorité. Ils dévoileraient au grand jour une part de [nous] que nous cachons aux autres, mais surtout à nous-mêmes. Le geste manqué retranscrirait dans la réalité une part inconnue de chaque individu qui pourtant le gouverne. Le hasard serait alors une excuse irrecevable. »

La cyberdépendance guette aussi de nombreux adeptes de jeux en ligne, comme le très connu « Second Life » qui m'a piégée. Des activités comme Facebook et Twitter mobilisent également des heures, pour ne pas dire des jours complets. Une drogue moderne et occasionnellement pernicieuse. J'ai connu une mère de trois jeunes et beaux enfants qui s'amuse des nuits entières sur « Second Life » au lieu de dormir. Selon une étude menée par un marchand en ligne, un tiers des internautes de moins de 35 ans se rendrait sur Facebook ou Twitter après un rapport amoureux. Après la cigarette, les réseaux sociaux peuvent faire des accros. Les téléphones cellulaires qui ne quittent plus les adolescents, qui deviennent un véritable danger sur la route, créent aussi une dépendance.

La cyberdépendance est définie comme une nouvelle forme de toxicomanie sans drogue, une dépendance à l'outil informatique, à la sexualité sur Internet, aux achats compulsifs en ligne, aux messageries, instantanées ou pas. Cette fuite de la réalité vers un monde virtuel conduit inexorablement à l'isolement, à la solitude. Un désintéressement à la vie réelle et un total désinvestissement de la vie sociale, amoureuse ou parentale représentent des signaux d'alarme qui doivent alerter les proches, l'accro cybernétique n'étant généralement pas conscient de sa condition. Les signes et symptômes suivants peuvent être utilisés à titre indicatif, uniquement pour savoir si une personne souffre ou pas de cyberdépendance :

- Privation de sommeil pour rester branché le plus longtemps possible.
- Négligence des activités importantes (travail, famille, réseau social) pour passer des heures sur le Web.
- Choix d'un travail dans le monde de l'informatique comme excuse légitime pour surfer sans culpabilité.
- Impossibilité de limiter ses heures de connexion.

Le journaliste québécois François Cardinal a publié un livre intitulé *Perdus sans la nature* dans lequel il décrit le drame de nos enfants collés à la télévision, à la console de jeu, à l'ordinateur. Il dénonce ainsi le fait que nos enfants, plus sédentaires que jamais, jouent de moins en moins dehors, s'aventurent de moins en moins loin sans supervision parentale.

L'auteur relate qu'en commentant la sortie de son livre, l'écologiste Daniel Breton parle d'enfants dénaturés. Il y a là matière à réflexion.

Deuxième étape

Rencontre avec l'enfant en nous

Voici un extrait de mon livre, *Le goût d'être heureux* (chapitre 9) :

Partir à la rencontre de notre enfant intérieur implique en tout premier lieu que nous acceptions le principe qu'un tel enfant existe maintenant et pas seulement qu'il a été présent dans notre passé. Cette prise de conscience est fondamentale pour effectuer le travail de libération de la dépendance affective.

Personnellement, j'ai fait cette découverte tout simplement en écoutant les propos de mon frère Louis qui a déblayé le terrain et m'a devancée par ses propres expériences en ce domaine. Au début, lorsqu'il me parlait de l'enfant en lui, je me disais qu'il avait une imagination très fertile. Je voyais cet enfant comme le symbole d'une partie de notre mémoire et je n'arrivais pas à me mettre dans la tête qu'il s'agissait de beaucoup plus qu'une figure de style, mais bien de quelque chose d'aussi réel que l'adulte que j'étais devenue.

Je devais pourtant admettre que ce que décrivait mon frère, tous ses symptômes de douleur morale et son incapacité à éprouver la sérénité de façon durable, ressemblait étrangement à ce que je vivais péniblement depuis des années. Malgré mes succès avec la programmation du subconscient et les grands pas que j'avais effectués dans ma vie professionnelle, je souffrais toujours et me sentais vulnérable. Je me demandais même si toutes les années consacrées à la recherche du bonheur n'avaient été qu'un long détour qui me ramenait au cul-de-sac du début de mon adolescence.

J'observais le visage serein et épanoui de mon frère et l'écoutais rire de bon cœur en racontant tous ses malheurs passés dont il était enfin libéré. De plus, je m'émerveillais de sa santé, lui qui avait subi trois opérations à cœur ouvert et avait consommé pendant plusieurs années de l'alcool pour s'évader de sa souffrance. Je me disais qu'il devait sûrement y avoir quelque chose de véridique dans ses propos pour qu'il ait obtenu un tel résultat durable.

Un peu sceptique, mais prête à lui accorder le bénéfice du doute, j'ai donc entrepris d'essayer de comprendre le phénomène de l'enfant en soi, mentionné par certains auteurs, comme John Bradshaw dans Retrouver l'enfant en soi.

Admettre qu'il y a deux entités distinctes et bien réelles s'avère donc une étape nécessaire pour suivre la route proposée par mon frère Louis. Chez la plupart des gens, l'adulte est déjà connu, mais qu'en est-il de l'enfant qui doit être apprivoisé, à qui on doit inspirer la confiance perdue depuis si longtemps ?

Les nombreux courriels reçus au cours des dernières années m'ont démontré qu'il suffit parfois de mentionner la présence de cet enfant en nous pour qu'une personne se sente interpelée. L'un d'eux m'a particulièrement touchée :

« Bonjour Michèle,

» Tu as mis Dieu en moi, un Dieu auquel je ne crois pas quand il prend le visage des religions, car il est alors un Dieu de discorde, de domination et de patriarcat. Non, ce Dieu que tu as mis en moi et que je ne dois pas appeler Dieu, car *Dieu* est un mot connoté, un mot masculin. Ce Dieu que tu as mis en moi est amour, beauté, grandeur, aspiration à devenir moi, poésie, construction positive de ma destinée personnelle, bonté, pardon, douceur.

» Tu as placé en moi une puissance divine qui, tout à la fois, me dépasse et me permet de me dépasser. Tu m'as "forcée avec douceur" pour que je retrouve en moi ma vérité intime : la petite fille que j'étais dans son enfance écorchée, la femme que je voudrais devenir, l'exclue sociale qui va frapper à toutes les portes et fait preuve de toutes les audaces pour retrouver son autonomie sociale et financière, la dépendante affective qui va mieux comprendre et neutraliser ses scénarios de souffrances qu'elle reproduit depuis toujours, l'"incommunicante" qui va apprendre à mieux communiquer avec son entourage. Ce que je voyais jusqu'à présent comme un combat (c'est-à-dire un affrontement névrotique brutal), je le perçois et le vis aujourd'hui comme un défi, celui de la dignité d'être moi pour devenir moi. Et ce désir, presque un besoin vital, de retrouver le chemin des mots que j'avais déserté pour la raison que tu sais.

» Depuis quelques jours, je ne suis plus un objet d'étude qui se triture l'estomac. Pour la première fois de ma vie, je pars à la rencontre de moi-même, je sympathise avec moi, je me dis que je peux être une partenaire de vie pour m'accompagner sur ma route. On n'est jamais vraiment seul quand on est vraiment avec soi !

» Bien sûr, tu es celle par qui tout arrive parce que je t'ai lue, et j'ai adhéré pleinement à ce que tu es et à ce que tu dis. Dans tes livres, en parlant si bien de toi avec pudeur et pertinence, tu provoques empathie et projection psychologique. L'évocation de ton intimité nous amène à rencontrer notre intimité. De toute évidence, tu as des compétences thérapeutiques; finalement, dans le métier que tu as choisi d'exercer, il y a une fonction de « thérapie sociale » qui restaure la dignité et l'autorité des clients que tu défends. Il suffit de mieux connaître la typologie du métier d'avocat pour s'en convaincre.

» Bien sûr, c'est assez bouleversant d'être ainsi entraîné aussi loin et en profondeur par une personne que l'on ne connaît pas et qui vit à des milliers de kilomètres de soi. Je l'ai vécu comme un raz-de-marée : peut-être que les plaques américaine et européenne se sont heurtées au fond de l'océan Atlantique pour déverser un océan émotionnel sur le littoral de mon vieux continent !

» Bien sûr, je crois pouvoir dire que je t'adore, dans le sens cultuel du mot *adorer* (ce verbe vient du latin *adorare* qui signifie « prier »), et je dois remettre un peu d'ordre et de mesure dans cela et me dire que tu es une médiation de cette prière et non l'espace symbolique ou la destination personnelle de cette prière. Quand les croyants prient Dieu, en réalité, ils prient leur part divine qui est contenue dans leur âme, cette part d'intimité spirituelle qui veut se relier au monde.

» Sylvie T. R. »

Que dire encore de cette étape au cours de laquelle chacun de nous doit rencontrer cet enfant qui n'attend qu'un geste pour retrouver la permission d'exister. Mon frère a écouté la voix de ce petit Louis pendant des semaines et des mois. Il lui a patiemment offert ce qu'il lui demandait, que ce soit des biscuits avec un verre de lait (alors que Louis adulte ne les aime pas du tout) ou encore le chant d'une douce comptine réclamé avec insistance :

« Fais dodo, Colas mon p'tit frère,
Fais dodo, t'auras du lolo.
Maman est en haut,
Qui fait des gâteaux,
Papa est en bas,
Qui fait du nougat.
Fais dodo, Colas mon p'tit frère,
Fais dodo, t'auras du lolo.
Si tu fais dodo,
Maman vient bientôt
Si tu ne dors pas,
Papa s'en ira.
Fais dodo, Colas mon p'tit frère,
Fais dodo, t'auras du lolo. »

Message d'espoir

La voie de la guérison s'avère parfois plus simple que l'on ne l'imagine. Dès que vous aurez établi ce premier contact avec votre enfant intérieur, il saura vous guider et vous exprimer ce dont il a besoin. Si vous lui offrez un amour inconditionnel, vous réussirez à cicatriser les carences passées, vous arriverez à la dernière étape, celle où vous pourrez enfin trouver le calme, la sérénité et la joie de vivre.

Troisième étape

Découverte de l'identité

Il était une fois une planète magnifique où la population autochtone Na'vis vivait en parfaite osmose avec son environnement.

Le film 3D *Avatar* qui présente l'étonnante et luxuriante planète Pandora et ses habitants connaît un grand succès au *box-office* international. Les effets techniques spectaculaires jouent certainement un rôle dans cette réussite, mais dès mon premier visionnement, j'y ai perçu une étroite analogie entre la vie de chacun d'entre nous et celle des Na'vis. Pour ceux qui n'auraient pas encore vu *Avatar*, je rappelle que de puissants et ambitieux industriels veulent à tout prix accaparer un minerai rarissime destiné à résoudre la crise énergétique de la Terre. En fabriquant des êtres hybrides, créés génétiquement en croisant l'ADN humain et celui des Na'vis, les chercheurs espèrent infiltrer ceux qu'ils nomment des « indigènes » et gagner la confiance de ces derniers. Ils fondent notamment leur espoir dans un ancien marine paraplégique immobilisé dans un fauteuil roulant. Lorsque son esprit rejoint le corps de l'avatar, il devient apte à marcher et à intégrer la vie de ce peuple différent. L'histoire connaît un revirement quand l'agent secret décide de changer de camp au risque de sa vie.

Notre parcours sur terre ressemble à celui sur Pandora à plusieurs égards. Souvent prisonniers de nos carences passées, des conventions et de tout ce qui nous a été inculqué aux dépens de qui nous sommes vraiment, nous nous rapprochons de cet homme paraplégique qui aspire à retrouver sa liberté. De façon imagée, ne dit-on pas qu'un enfant doit voler de ses propres ailes ? La jonction de l'enfant intérieur et de la personne adulte conduit à cet état de grâce qui donne l'impression de planer au-dessus des soucis journaliers. Sans nier les problèmes de la vie quotidienne, on arrive à mieux gérer ceux-ci, à ne pas se laisser écraser par eux. Le dalaï-lama dit : « La sensation d'être heureux ou malheureux dépend rarement de notre état dans l'absolu, mais de notre perception de la situation, de notre capacité à nous satisfaire de ce que nous avons. [...] Il n'y a personne qui soit né sous une mauvaise étoile, il n'y a que des gens qui ne savent pas lire le ciel. »

Une fois l'enfant intérieur rassuré et apprivoisé, notre communication avec le monde extérieur prend un tout autre sens. L'aptitude à établir un lien amoureux ou amical sain et durable devient possible. Si une personne opte pour le célibat, son choix ne ressemble plus à un échec ou à un rejet. De terne et monotone, la vie devient un endroit où les couleurs de l'arc-en-ciel nous font vibrer. Les anesthésiants passés font place à des activités désirées et non imposées par un problème de compulsion.

Nos talents et nos goûts s'affirment et nos passions véritables se vivent enfin sans nous asservir. Créé à l'image de Dieu, l'être humain a le privilège et le devoir de s'affranchir des chaînes qui le gardent prisonnier de la souffrance, qui le conduisent parfois au désespoir. Celui qui découvre son identité devient alors une personne qui a trouvé le chemin du bonheur.

Message d'espoir

Sans preuve scientifique de la poursuite de la vie après la mort, de nombreux témoignages nous guident toutefois en ce sens. Que nous y croyions ou non n'est pas important. La vie nous invite généreusement à régler nos problèmes pour être plus heureux dès maintenant. Par ailleurs, si nous envisageons avec optimisme une continuation, le travail sur nous nous libère de lourds boulets karmiques.

Mon ami Olivier, un homme d'exception

« On ne consent pas à ramer quand une force intérieure nous pousse à voler. »

Helen Keller

BETTINA RHEIMS
HELMUT
GIL

Mon ami Olivier, un homme d'exception

Olivier Puigségur. Ce nom me plaît ! Je me surprends même à le répéter à haute voix comme s'il me procurait, tel un mantra, une douce paix intérieure difficile à exprimer.

Olivier entre dans la vie des gens comme un ouragan dévastant sur son passage toutes les peines et les déceptions de l'existence. Comme il le dit si bien lui-même, il défriche son chemin à grands coups de cœurs partagés.

Olivier Puigségur, un nom destiné à être connu, cité, aimé.

À vingt ans, il avait l'avenir devant lui. Un futur serein et prometteur. Beau garçon, joueur de rugby et professeur de judo, Olivier mordait dans la vie à pleines dents. D'un naturel heureux, il se dirigeait vers une carrière en commerce. Comme le sympathique Obélix plongé dans une potion magique, il avait reçu la grâce d'être « contaminé » par le bonheur dès sa tendre enfance.

Un destin unique et tragique était pourtant tracé pour cet enfant du Midi de la France, libre et sans souci. Un imprévu qui, depuis vingt ans déjà, a fait basculer la vie d'Olivier. Devenu tétraplégique à la suite d'un triste accident, il a continué d'avancer avec le sourire.

En exclusivité, il m'a transmis des photos de lui avant ce coup du sort, alors qu'il travaillait comme pompier bénévole durant l'été et qu'il vendait le journal local, le dimanche et les jours fériés, devant un bureau de presse. « Franchement, d'excellents souvenirs », dit-il, sans exprimer la moindre nostalgie. Avec sa permission, je joins l'une de celles-ci pour vous le présenter.

J'ai connu Olivier par hasard, grâce à Internet. Mais le hasard existe-t-il ou n'est-il pas, simplement, l'occasion d'un rendez-vous ? Olivier faisait sûrement partie de mon propre destin. Depuis que je communique avec lui, une question me hante : l'aptitude au bonheur serait-elle héréditaire ? Depuis trente ans, j'observe les gens et je publie des textes sur l'art d'être heureux en offrant à mes fidèles lecteurs des outils pratiques pour parfaire cet apprentissage. Le phénomène Olivier m'intrigue. Sa force de caractère et sa détermination à cultiver la joie malgré son handicap sont étonnantes.

Olivier pense qu'il doit sa joie de vivre à ses formidables parents. Dans sa famille, dit-il, le sourire est toujours présent. Il attribue sa merveilleuse philosophie de vie à son professeur de judo, Jean Vaifro de Barry, qu'il considère comme un père spirituel. Grâce à lui, il a connu les approches orientales qui l'ont aidé à tracer un beau chemin. Sa devise, qu'il voyait écrite sur un des murs du dojo, lui vient de ce professeur : « Si tu cultives la force de ton caractère, garde la douceur de ton cœur. »

Le célèbre auteur-compositeur-interprète Jean-Jacques Goldman a également exercé une importante influence sur sa vision de la vie. Ses textes d'une grande profondeur rejoignent Olivier et il utilise ceux-ci comme références journalières. « Faut surtout jamais regretter, même si ça fait mal, c'est gagné [chanson confidentielle]... »

Olivier a écrit un manuscrit sur son parcours unique sans le diffuser. Des extraits sur son blogue Internet m'ont conduite à lui demander de partager son secret de bonheur avec moi. Ce précieux atout est-il réellement à découvrir ? Olivier a sans doute reçu, à un très jeune âge, la capacité de jouir des plaisirs quotidiens en toute simplicité, envers et contre tout ! Le mystère demeure entier puisqu'il déclare ne pas détenir de recette magique à sa bonne humeur légendaire, qu'il attribue à son hérédité.

J'ai rencontré Olivier Puigségur à Saint-Estève, tout près de Perpignan, un beau jour d'été. Mon mari et moi avions en effet décidé de faire un détour pour lui rendre visite. Depuis ce temps, je reste sous le charme de la lumière dégagée par ce personnage attachant et je me sens plus forte en observant sa détermination. Je tiens à le remercier d'avoir si généreusement partagé avec les fidèles de son blogue ses anecdotes, ses rêves et sa philosophie.

Christian Bobin, célèbre auteur français, que j'affectionne particulièrement, a écrit la phrase suivante : « Le bout du monde et le fond du jardin contiennent la même quantité de merveilles. » Olivier a certainement compris cette réalité. Sa vie toute simple est pourtant riche de réflexions, de sentiments et d'émotions. Depuis quelques années, il offre aux internautes un lieu de rencontre fabuleux qu'il a appelé, avec justesse, « Carpe Diem ». Olivier, qui s'exprime avec talent par la poésie, fait aussi du *slam*, un « art oral récité *a cappella* et de style libre ». Olivier m'a d'ailleurs permis de découvrir Grand Corps Malade, un excellent *slameur* né en France.

Olivier est également inscrit sur Facebook, où il interagit au quotidien avec ses nombreux contacts. Il y parle de sports, d'amitié, de poésie, des hauts et des bas de la vie. Si vous décidez d'engager le dialogue avec Olivier et d'entendre de superbes *slams* de sa création, je vous invite à lui rendre visite sur Facebcok ou à l'adresse suivante : http://carpediem.typepad.fr/. Vous apprécierez le détour, j'en suis persuadée.

Attention à son sens de l'humour et à sa capacité d'autodérision. Avec lui, il faut s'attendre à prendre la vie avec un grain de sel tout en ouvrant les yeux sur la vérité. Il n'hésite pas à louanger qui le mérite et à dénoncer les injustices. Son handicap physique ne l'empêche pas de s'impliquer dans les débats de société.

Lors de notre amicale conversation à sa résidence, Olivier m'a parlé de ses rencontres avec des hommes et des femmes remarquables qui ont donné un sens à sa vie. Ses parents et sa sœur, ses thérapeutes, ses camarades de longue date, sans oublier quelques figures connues du monde du sport ou de la chanson, ont ponctué son parcours de chaleureux contacts et d'entretiens privilégiés. Il a même eu la chance incroyable de croiser sur sa route le dalaï-lama ainsi que Jean-Jacques Goldman, de qui il a reçu une touchante lettre manuscrite.

Ma quête de bonheur m'a aussi conduite vers des gens formidables, mais plus rarement vers des individus d'exception. Olivier Puigségur représente, pour moi, l'une de ces personnes exceptionnelles, car il a compris le sens de la vie et l'essence de l'être. Il va droit au but. Il ne regrette pas le passé et il ne se tourmente pas pour le lendemain. Il continue, malgré ses limites physiques, à mordre dans son quotidien à pleines dents, à « grands coups de cœur partagés ». Cette expression est de lui. J'aime bien la lui emprunter.

À quarante ans, que pourrait-il attendre pour ajouter à sa joie de vivre ? Moi qui le connais peu, mais qui ai suivi sa pensée depuis quelques années, je fais le vœu grandiose qu'il puisse, par un miracle de la science, se retrouver comme autrefois sur un tatami pour y pratiquer l'art du judo. Je souhaite aussi qu'une âme sœur descende du ciel pour charmer Olivier qui n'a jamais abdiqué la vie de couple. Qui sera l'heureuse élue de son cœur ? À qui dédiera-t-il ses jolis poèmes ?

Message d'espoir

Les gens qui souffrent d'un handicap ont leur place dans la société. Citoyens à part entière, ils ont le droit légitime d'occuper un emploi, de pouvoir se véhiculer avec aisance dans les lieux publics et d'aspirer au bonheur de partager leur existence avec leur âme sœur. Olivier, je m'adresse tout particulièrement à toi. Ton désir de vivre avec une complice amoureuse n'est pas utopique. Ne cesse jamais de croire en tes rêves les plus doux, même si le destin s'acharne à te contrarier. Le jour où tu m'écriras, de ta ville de Saint-Estève, que tu demeures enfin avec ta dulcinée, je pourrai avec joie considérer ma mission accomplie à cet égard. Tu es en droit de recevoir ce cadeau que tu attends depuis si longtemps.

Valérie, un pont lumineux entre humains et animaux

« Pour réaliser une chose vraiment extraordinaire, commencez par la rêver. Ensuite, réveillez-vous calmement et allez d'un trait jusqu'au bout de votre rêve sans jamais vous laisser décourager. »

Walt Disney

Valérie Gosselin, un pont lumineux entre humains et animaux

Valérie Gosselin compte, sans l'ombre d'un doute, parmi mes coups de cœur de 2010. Psychologue, membre de l'Ordre des psychologues du Québec depuis janvier 2002, elle est également la fondatrice et la codirectrice d'Amis-Maux inc., une clinique privée multidisciplinaire de Québec qui offre des services spécialisés en santé pour les adultes, les enfants, les adolescents, les familles, les couples et les entreprises.

Visionnaire et pionnière dans un secteur non exploité au Québec, Valérie rêve de sa clinique dès le début de ses études doctorales en neuropsychologie de l'insomnie. Étudiante au doctorat, elle découvre par hasard la zoothérapie, dans un cours où elle devait effectuer une recherche sur un sujet différent de sa thèse. Il ne lui en fallait pas plus pour décider de défricher ce champ inexploré au Québec.

Réalisant que la présence d'un animal favorise l'établissement et le maintien d'une relation d'aide et qu'elle exerce une influence bénéfique sur la santé et la qualité de vie des gens, Valérie constate aussi que le domaine de la zoothérapie n'est pas développé au Québec, alors qu'il l'est davantage aux États-Unis et en Europe. Elle veut combler cette lacune et elle opte donc pour cette mission d'avant-garde. En effet, parallèlement à son doctorat, elle choisit de faire un plan d'activités et, un an et demi plus tard, de cesser ses études pour se consacrer entièrement à son projet de clinique.

Après avoir reçu l'appui de ses parents pour démarrer son entreprise, elle réussit avec courage et patience à mettre sur pied sa clinique qui dispense des services professionnels de haute qualité. La présence d'un animal peut compléter l'accompagnement, si le client en manifeste l'intérêt. Fondée en 2003, la clinique de Valérie et de sa mère Ginette regroupe une trentaine d'intervenants formés dans des disciplines variées. On y trouve notamment des psychologues, des conseillers en orientation, des orthophonistes, des psychoéducateurs, des travailleurs sociaux, des neuropsychologues, des orthopédagogues, des ergothérapeutes, des sexologues et des zoothérapeutes.

Le personnel d'Amis-Maux propose des ateliers d'habiletés sociales et des services d'évaluation pour des problèmes physiques, mentaux et sociaux. Il offre également une aide thérapeutique individuelle, notamment pour le trouble d'opposition, le déficit d'attention avec hyperactivité, le repli sur soi, l'isolement, l'agressivité, la violence, les phobies, l'anxiété, le stress, la faible estime de soi, les difficultés relationnelles, la délinquance, les sévices sexuels, la gestion des émotions, les conséquences fâcheuses liées à un divorce, les troubles alimentaires, la dépression, le stress post-traumatique, les phases du deuil, les problèmes de croissance, l'autisme ou toute autre dysfonction physique ou mentale.

Amis-Maux est la seule clinique de la région de Québec à offrir la possibilité d'intégrer un animal dans le processus thérapeutique. Selon Valérie Gosselin, la présence de l'animal apporte chaleur et réconfort, dédramatise le contexte de la thérapie et facilite l'ouverture et la progression. Tous les services sont aussi offerts sans l'intervention de l'animal, si cette approche n'est pas désirée par la personne souffrante. Par ailleurs, elle peut être introduite à tout moment en cours de processus de thérapie.

Plusieurs animaux sont intégrés à l'équipe d'Amis-Maux. On y trouve notamment des chiens, des chats, un cochon d'Inde, des lapins, un furet, une tourterelle, une colombe et un hérisson, qui sont tous adorables. À titre d'exemple du travail proposé en zoothérapie, un magnifique atelier a été conçu par Ann Coveney, psychoéducatrice à la clinique. Ann Coveney, en compagnie de Stéphanie Lemieux, zoothérapeute à la clinique, visitent les écoles pour sensibiliser les jeunes au phénomène de taxage et d'intimidation entre les élèves. Pour ce faire, trois animaux participent à la présentation : un petit chien, un lapin et un oiseau en cage. Le chien personnifie le harceleur, le lapin, la victime, et l'oiseau, le témoin silencieux. On invite ensuite les enfants à s'exprimer sur ce qu'ils ont vu. Comment eux se perçoivent-ils ? Comme le harceleur, la victime ou le témoin silencieux ? Cette approche reçoit un accueil positif, car les enseignants réalisent qu'avec l'aide des animaux, les enfants ont tendance à se remémorer la scène et à en discuter ouvertement entre eux, avec les professeurs et avec leurs parents. Depuis quelques mois mes deux chiens m'accompagnent dans des centres hospitaliers. Amis-maux m'a séduite.

Ce qui m'a conduite vers Valérie Gosselin

Après avoir perdu mon travail d'analyste en invalidité, j'entreprends une remise en question pour mieux orienter ma carrière. Je pense alors à mon amie Christine Michaud qui parle de cadeaux mal emballés et je commence à me demander si cette fin d'emploi n'est pas un signe providentiel m'indiquant que je devrais utiliser mon potentiel dans un autre secteur d'activité. Après avoir complété un bilan de mes champs d'intérêt et de mes aptitudes, j'arrive rapidement à un constat : j'aime les êtres humains et j'aime les animaux. Toutes mes énergies professionnelles et bénévoles, incluant la publication de mes livres sur le bonheur, ont été dirigées dans un but d'aider les gens à apprivoiser leurs problèmes pour accéder à une meilleure qualité de vie. Avec intégrité et rigueur, j'ai respecté les règles de déontologie dans mes emplois, tout en essayant d'apporter aux clients dont je traitais les dossiers une lueur d'espoir. Sur le plan personnel, les animaux ont toujours occupé une place de choix dans ma vie. Sans eux et sans la stabilité affective qu'ils m'ont procurée, je ne serais pas la même. Sans eux, je n'aurais pas été en mesure de prendre conscience de réalités importantes, comme celle du mystère de la vie et de la mort. De fil en aiguille, la profession d'intervenante en zoothérapie m'apparaît taillée sur mesure. De la coupe aux lèvres, il y a toutefois des points d'interrogation. Quelle formation devrais-je suivre pour accéder à cet emploi et où se dispense cette dernière ? Combien de mois ou d'années d'études suis-je prête à investir pour retourner sur le marché du travail dans une nouvelle branche d'activité ? J'arrive rapidement à la conclusion que je ne peux regagner les bancs d'école pendant plusieurs années et que je ne peux m'éloigner de Québec en raison de ma situation personnelle. Je préfère vivre auprès de mon mari et de mes cinq animaux dont j'assume la responsabilité. La marche semble haute, mais je ne me décourage pas. Je transmets un courriel à la clinique Amis-Maux et je propose ma candidature. Mon intuition me guide vers cette démarche sans que je sache exactement vers quoi elle va me conduire.

Une rencontre de trois heures avec Ginette Gosselin, la mère de Valérie, qui travaille activement sur le plan de l'administration d'Amis-Maux, renforce mon idée de tenter ma chance dans ce domaine passionnant. À ce jour, plusieurs étapes sont franchies et je prends les moyens nécessaires pour accéder à mon rêve. J'en discute avec ma grande amie Maryse, qui a déjà suivi une formation en zoothérapie, et j'apprends d'elle que ce stage de plusieurs semaines n'a pas satisfait ses attentes, sauf pour la partie donnée par une certaine Valérie Gosselin. Je constate à nouveau que le monde est petit et que la loi d'attraction des affinités s'exerce souvent à notre insu. J'ai hâte de mieux connaître cette femme exceptionnelle qui croit aux vertus thérapeutiques de l'animal et qui désire aider les gens à trouver une belle qualité de vie. En parlant avec sa mère, je me sens tellement proche de Valérie, de ses valeurs, de sa spiritualité. En fait, avant même de l'avoir rencontrée en chair et en os, je perçois en elle une véritable sœur d'âme et je veux prendre les moyens pour participer à sa mission.

Depuis cette rencontre mémorable, Valérie et moi avons eu quelques échanges par courriels. Ceux-ci m'ont permis de constater qu'elle voue à sa mère une grande admiration. Elle dit que sa clinique n'existerait plus sans la présence efficace et dévouée de Ginette. En raison de problèmes de santé, elle a en effet été obligée de s'éloigner du travail au cours de la dernière année. Sa mère a donc pris les rênes de l'entreprise et elle la gère avec brio. Comme Valérie Gosselin représente pour moi une personne d'exception, Ginette incarne pour Valérie un être exceptionnel de qui elle déclare avoir souvent puisé sa force tout au long de sa vie. Elle parle de sa mère en termes élogieux : elle la décrit comme une femme d'action et d'amour, une femme profondément humaine qui gagne à être connue. Valérie ne tient pas du voisin et je peux témoigner que Ginette Gosselin est effectivement une personne débordant d'enthousiasme et d'énergie. Je sais aussi que le père et le frère de Valérie ont participé, à leur façon, à ce beau projet. Une famille tissée serrée où l'amour véritable ne recule pas devant les obstacles.

Valérie, une femme que la maladie n'a pas épargnée

Ginette m'informe que Valérie souffre de fibrose kystique depuis sa naissance. J'apprends par la suite, en lisant son blogue généreux, que cette maladie a entraîné d'autres problèmes de santé. Elle souffre en effet de diabète insulinodépendant et d'ostéoporose. Je découvre enfin que Valérie a subi une transplantation de foie en 2010 et qu'elle a été obligée de suspendre ses activités professionnelles pendant une année complète en raison de cette chirurgie majeure. De retour au travail de façon progressive depuis le début de l'année 2011, elle souhaite néanmoins poursuivre sa mission en dépit de ses difficultés. Je lui laisse la parole. Cet extrait vient de son blogue :

« Mes problèmes de santé ont été pour moi un tremplin vers une quête spirituelle qui m'a menée à une perception de la vie toute particulière qui m'aide à être plus sereine et heureuse.

» Par ce blogue, je souhaite partager avec vous le fruit de ce cheminement spirituel qui se poursuit à chacune de mes journées. Je souhaite que mes réflexions vous aident à atteindre un état de gratitude, de sérénité, de joie de vivre et de bonheur dans chaque petit moment de la journée, et ce, malgré les combats que l'on doit livrer au quotidien ! »

Je poursuis la lecture des pensées de Valérie qui a vu la mort de près et qui a aussi perdu des êtres aimés. Elle parle notamment de Charles en ces termes : « Ce matin, j'ai assisté aux funérailles d'un ami dont j'ai fait la connaissance durant la dernière année à l'Hôpital Saint-Luc, à Montréal, lors de mon hospitalisation pour la greffe. Il s'appelait "Charles", avait la fibrose kystique et avait reçu une greffe de foie une semaine, jour pour jour, après la mienne. Il avait 26 ans et avait un fils de 10 mois.

» Malheureusement, il n'a pas été aussi chanceux que moi et sa greffe n'a pas bien fonctionné. Sa mort en plus de celle, récente, de mon oncle Gilles et de plusieurs personnes que j'ai connues à l'hôpital cette année ainsi que mon propre rapport avec la mort me font vous partager mes quelques réflexions sur ce sujet. » Valérie écrivait ces mots le 4 janvier 2011 et elle y ajoutait ceci : « Je pense que la mort est une étape tout à fait naturelle et même nécessaire pour faire place au renouveau. Selon moi, chaque être humain a sa propre mission, sa propre couleur à apporter au monde de la matière et, une fois sa mission remplie et ses expériences vécues, il quitte ce monde matériel pour poursuivre son évolution dans une dimension autre qui lui apporte dorénavant ce dont il a besoin. »

En terminant cette note du 4 janvier, Valérie dit qu'elle nous parlera encore de sa vision de la vie, de la mort, de l'âme, de l'incarnation, de nos missions respectives, de comment la trouver et la remplir. Elle précise que ces merveilleux sujets qui la passionnent feront l'objet de futurs articles ou de prochaines vidéos au cours des prochaines semaines. Je suivrai avec intérêt le blogue de Valérie, maintenant sur Twitter. J'ai eu le bonheur de la rencontrer lors d'une de ses conférences.

Où Valérie prend-elle sa force et sa détermination ?

Lorsque j'observe le dur cheminement de Valérie, son combat contre la maladie et sa force de caractère, je pense à tous ceux qui jouissent d'une excellente santé et qui n'arrivent pas à voir le bon côté des choses. J'ai aussi, à quelques occasions, trouvé le moyen de me plaindre de mon sort, et ce, en dépit de la forme exceptionnelle dont j'ai toujours bénéficié. J'admire Valérie et je me demande quelle est la source de son énergie et de sa détermination. Je regarde sa photo et j'y remarque une jeune femme belle comme un cœur avec le sourire aux lèvres. Ses yeux lumineux nous invitent à l'écouter et à la suivre. Valérie est bel et bien vivante. Elle écrit qu'elle a 34 ans et que l'espérance de vie, dans son cas, serait actuellement de 37 ans. Une vérification auprès de mon frère qui pratique la médecine m'a appris quelque chose d'encourageant. Dans les années 1960, l'espérance de vie des enfants atteints de fibrose kystique ne dépassait pas cinq ans. De nos jours, d'après les dernières statistiques canadiennes, l'âge moyen de survie est de 47 ans. Selon la Fondation canadienne de la fibrose kystique, la majorité des personnes atteintes peuvent aujourd'hui s'attendre à vivre au-delà de quarante ans. Nous pouvons souhaiter qu'avec les nombreuses recherches médicales, la moyenne ne cesse de croître pour permettre à cette admirable psychologue d'accomplir encore longtemps la mission qu'elle a choisie.

Lors de nos échanges écrits, Valérie m'avoue avec candeur et authenticité qu'elle n'est pas forte et déterminée tous les jours, qu'il lui arrive souvent d'être fatiguée, de se reposer et de s'interroger sur la poursuite de sa tâche. Cette confidence me la fait apprécier davantage. En réflexion pour mieux orienter sa carrière, elle comprend que sa mission est maintenant de transmettre aux gens les leçons de vie qu'elle a apprises et qu'elle continue de découvrir à travers toutes les épreuves de la maladie au quotidien. Ces informations se diffuseront par son blogue ainsi que par la publication d'un livre dont elle prévoit la sortie en 2012. Valérie nous propose aussi des conférences où elle raconte sa vie, les épreuves traversées et les leçons que la vie lui a enseignées. C'est l'endroit où elle se sent le mieux. C'est sa place, sa voie, là où elle a le sentiment d'apporter aux gens le meilleur d'elle-même. Au cours des prochaines années, ses efforts seront donc orientés vers ces rencontres ouvertes au grand public.

Valérie Gosselin aurait toutes les raisons de s'apitoyer sur son sort, et ce, depuis sa tendre enfance. Au contraire, elle a opté pour vivre dans la joie et l'espérance chaque jour. Elle a aussi décidé de mettre ses talents et sa passion pour les animaux au service des gens dans le besoin. Il s'agit d'une noble tâche et je visualise pour Amis-Maux une réussite d'entreprise qui devrait inciter d'autres intervenants à offrir éventuellement ce même service à travers tout le Québec. Valérie a décidé de canaliser ses énergies vers un partage par l'écriture, les vidéos et les conférences. Je lui souhaite de poursuivre avec succès sa mission de communicatrice. Je n'ai aucun doute que son précieux témoignage apportera à tous ceux qui la rencontreront une inspiration pour accepter avec dignité et résilience les épreuves de la vie.

Message d'espoir

Rien ni personne ne peut empêcher un être de lumière de réaliser sa mission sur terre. La maladie ne saurait saper l'élan d'amour et de foi qui habite une personne passionnée et déterminée à faire de sa vie une réussite. Au contraire, l'épreuve donne à celui qui doit la traverser, une occasion de dépassement et d'exemple pour son entourage.

Tânia Vanessa Silva Maia
(1982-2009)

« Le hasard, c'est Dieu qui se promène. »

Albert Einstein

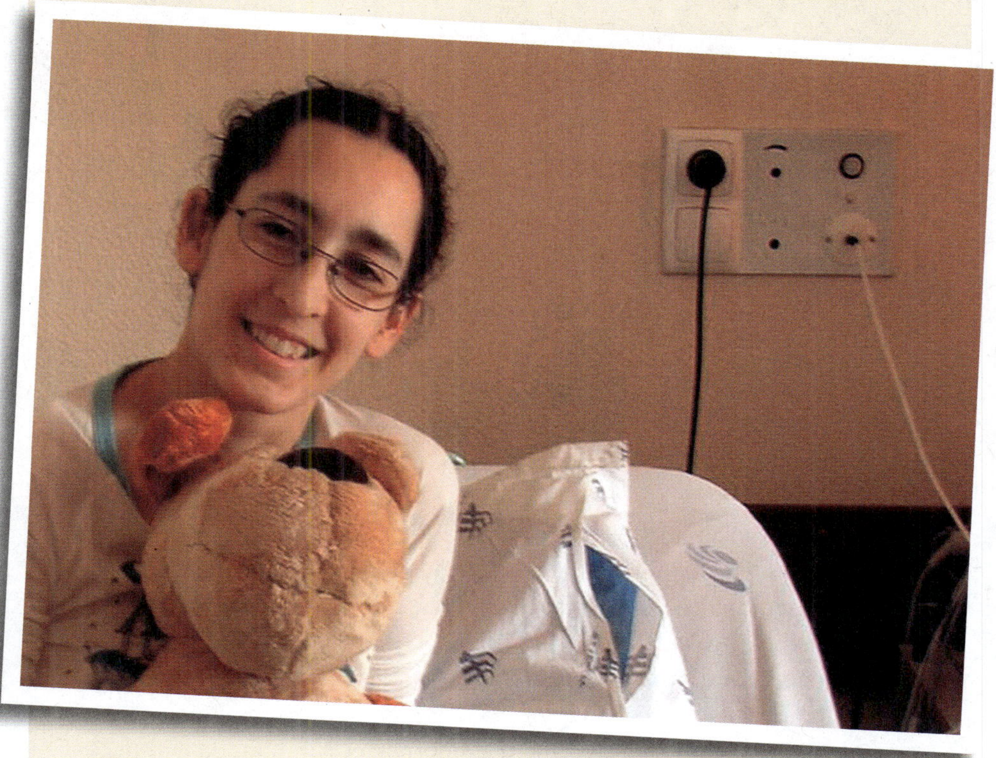

Tânia Vanessa Silva Maia (1982-2009)

Le 27 mars 2009 demeure pour moi une date empreinte de tristesse. Ma jeune amie Tânia, 26 ans, tout comme Charles, l'ami de Valérie Gosselin, est morte à la suite d'une maladie. Pour la première fois, je vivais le deuil d'une personne si jeune. J'étais complètement dévastée, car je croyais sincèrement à la guérison de Tânia. Je constate aujourd'hui que je n'avais jamais complètement accepté le départ prématuré de cette femme. Le témoignage de Valérie m'a en quelque sorte réconciliée avec le décès de Tânia. J'ai enfin pu mettre un baume sur ma plaie non cicatrisée et j'ai commencé à donner un sens à ce court, mais intense, passage de cette jeune portugaise dans ma vie. Pour Tânia, ses parents, ses amis et son amoureux Cláudio, j'ai décidé d'immortaliser son nom dans l'un de mes livres.

Tânia est un être d'exception pour moi et je me considère privilégiée d'avoir été sur sa route pendant quelques mois. En janvier 2009, j'ai ma page sur Flickr, un média social de photographies sur lequel je partage mes images depuis une année. Je publie sous le pseudonyme Axelia, prénom de mon avatar dans le jeu virtuel Second Life auquel je joue depuis mai 2007, d'abord sous le nom de Mikela Writer. Second Life regroupe plusieurs millions d'adeptes à travers le monde. On y propose des activités variées, et ce, comme dans la vie réelle. Des traducteurs intégrés permettent d'y échanger instantanément dans plusieurs langues et, conséquemment, d'entrer en contact avec des milliers d'inconnus qui peuvent éventuellement devenir des amis. À quoi s'occupe-t-on sur Second Life ? On s'y promène à travers des univers magiques en se téléportant d'un endroit à un autre. On peut y danser à la perfection grâce à des modules savamment programmés par des bâtisseurs. On y court les boutiques aussi et l'on peut devenir la personne que l'on a toujours rêvé d'être. Je suis tombée dans le piège du monde virtuel par curiosité après avoir observé mon conjoint rivé à son écran d'ordinateur pendant des heures, et ce, depuis mars 2007. Ne comprenant pas son engouement pour ces marionnettes d'avatars, j'ai tout simplement décidé d'aller y voir de plus près par moi-même. J'ai quitté ce jeu depuis plus d'une année, alors que mon mari y retourne encore fréquemment. Second Life représente pour lui un divertissement peu coûteux et une façon d'entrer en contact avec des gens intéressants issus de différents pays. Mon engouement pour ce jeu fut de courte durée, mais ma fascination pour la créativité dont font preuve les bâtisseurs de villes m'a incitée à poursuivre mon exploration à la découverte de nouvelles fantaisies virtuelles. J'y rencontre un jour une cousine de France dont l'avatar me fait baver tellement elle est jolie. J'ose demander à sa conceptrice de m'en procurer une copie. Elle accepte spontanément de faire de moi sa jumelle. Axelia est née et elle devient ma muse. Dès ce moment, je me consacre presque exclusivement à la photo d'Axelia, variant ses coiffures, son habillement, son maquillage et tous les accessoires disponibles sur Second Life. Je la travestis en Cléopâtre, en princesse indienne ou en elfe des bois. Je m'amuse ensuite à créer d'autres personnages et j'invente des histoires ayant comme support les photographies captées avec la caméra intégrée dans le jeu. Je continue de prendre des images dans la vraie vie et je fabrique des montages avec les images des deux mondes. Passionnée par ce nouveau passe-temps, j'y investis plus de temps que je l'aurais souhaité. C'est souvent ce qui arrive lorsque l'on plonge dans une activité intéressante et créative.

Les photos d'Axelia et de ses amis issus de mon imagination se succèdent sur mon blogue Flickr. J'y présente mes nombreux avatars : Gandhali, jolie dame de l'Inde, Elfezen et Zimelia, deux femmes de race noire, Clara et Vitalina, deux Italiennes charmantes, Quim, originaire de Chine, et Peter, le seul homme de mon groupe. Certaines histoires illustrées mettent également en scène Iltemfor, un elfe qui joue de la flûte, et Luna, fille unique et désirée du sorcier Bandapar et d'Éclipse, une bonne et brave personne de la race humaine. (Bandapar, comme son nom l'indique, faisait bande à part des autres sorciers et sorcières. Sa mère, Janedarke, avait été immolée sur la place publique par des humains retors. Il était persuadé que les dons de sorcellerie n'étaient pas nécessairement prisés par le bon peuple. Il s'est marié néanmoins avec une personne humaine, l'amour, dans ce cas précis, l'ayant emporté sur la raison.) La tante de Luna, Pirella, restée célibataire par choix (!), essaie de faire peur à sa nièce qui rêve au prince charmant. Elle essaie de lui faire croire que les princes charmants se changent toujours en crapauds.

Cette longue digression sur ma vie virtuelle conduit vers Tânia, ma jeune amie portugaise. En janvier 2009, Flavio, un de mes contacts de Flickr qui vit au Brésil, demande des prières pour la jeune femme du Portugal. J'apprends que Tânia souffre d'une maladie coronarienne et qu'elle est en attente d'une greffe de cœur. Gabriela, une amie de longue date de Tânia, publie aussi des photos et elle transmet une demande de prières de la part des parents de Tânia. Dès mon premier contact avec la photo de Tânia, je ressens une immense sympathie pour elle et je décide de joindre mes prières à celles de Flavio et de Gabriela. Je crée alors pour elle une série d'images évocatrices à l'aide de mon avatar Axelia. Je fais ensuite un appel à tous pour que Tânia obtienne la greffe de cœur et j'invite les visiteurs de mon blogue à signer des documents pour les dons d'organes. La réponse à ma demande est inouïe. Des centaines de personnes écrivent sur mon blogue et m'assurent de leurs prières. Tous ces témoignages sont transmis à Tânia, à ses amis et aux membres de sa famille. Ses parents espèrent tellement la guérison de leur enfant trop jeune pour mourir. Par courriel, j'envoie aussi à Gabriela chacune de mes images dédiées à Tânia et elle les fait imprimer et les remet à Tânia, qui vit alors dans une petite chambre d'hôpital en attendant sa greffe. Tânia réagit avec le sourire à chacun de mes envois et elle place les images sur le mur de sa chambre. Par l'intermédiaire de Gabriela, elle me fait part de sa joie à chacun de mes cadeaux et elle me remercie. Petit à petit, j'en apprends davantage sur cette jeune femme. Comme moi, elle adore la compagnie des animaux et elle œuvre pour leur protection. Je ne peux imaginer qu'elle ne recevra pas un cœur compatible et qu'elle restera encore longtemps à l'hôpital. Elle est si jeune et elle a tellement de beaux projets de vie. Son amoureux Cláudio la soutient et ses parents en font autant. Tous espèrent la voir guérie et heureuse.

Le 2 février 2009, une triste nouvelle a l'effet d'une bombe sur moi. Tânia a fait un AVC et elle est dans le coma. Les chances pour qu'elle en sorte sans séquelles sont faibles. Nous continuons tous de prier pour son retour à la santé et à la vie. Je trouve inlassablement de nouvelles images pour elle et pour sa famille qui croit encore au miracle. Par hasard, je découvre une superbe reproduction sur le blogue d'un ami québécois. Il s'agit de la scène où Jésus ressuscite la fille de Jaïre, chef d'une synagogue. Cette image éloquente me frappe de plein fouet et elle nourrit ma foi dans la guérison de Tânia qui, de plus, ressemble à la fille de Jaïre. Je publie cette image et les parents de Tânia en sont touchés. J'entretiens leur espoir comme les centaines de personnes qui commentent mon blogue, ainsi que ceux de Tânia et de Flavio. Sommes-nous trop optimistes ? Est-ce raisonnable de continuer à espérer ? Ma confiance ne cesse de grandir malgré les pronostics médicaux défavorables. Je suis en contact quotidien avec la famille et les amis proches de Tânia. Je fais aussi quelques images spécialement dédiées au couple Tânia et Cláudio. De ma vie entière, je n'ai jamais tant désiré un miracle.

Le 27 mars 2009, tous nos espoirs de guérison s'envolent en fumée. Très tôt le matin, j'apprends que Tânia nous a quittés. Le dénouement attendu se transforme en rêve impossible. Elle n'est plus là. Le voyage que je me proposais de faire après son rétablissement pour lui parler de vive voix, pour l'embrasser, la serrer sur mon cœur n'aura pas lieu. Au lieu de lire que Tânia est guérie, je trouve un document sur le blogue fait par ses amis qui, tout comme moi, espéraient son retour. Cet écrit, c'est le testament de la jeune femme. Elle l'a rédigé en portugais et en anglais, à son entrée à l'hôpital, avant de sombrer dans ce coma dont elle n'est jamais sortie. Elle l'a confié à son amoureux en lui demandant de le publier si elle ne survivait pas à la transplantation cardiaque. Il a tenu parole et il a mis cet écrit en ligne. Avec la permission des parents de Tânia, je diffuse à mon tour la traduction française de ce testament qui nous montre à quel point il faut savoir profiter de la vie lorsqu'elle nous est généreusement offerte. Ce message de Tânia nous invite aussi à exprimer nos sentiments de notre vivant et à respecter autant nos frères les animaux que nos frères humains :

« Quand je partirai...

» Certaines personnes n'ont jamais la chance de dire adieu à ceux qu'ils aiment. J'ai cette chance. Ma condition cardiaque nécessite une greffe de cœur. Un donneur peut ne pas arriver. Un donneur peut venir, mais je pourrais ne pas survivre à la bataille qui suivra l'intervention. Quoi qu'il arrive, si vous lisez ces mots, alors je ne serai plus là.

» Ce que j'ai à écrire est difficile, mais j'ai eu le soutien de tant de gens que je ne peux pas vous quitter sans vous laisser quelques derniers mots de gratitude. Je suis désolée de vous avoir laissé tomber, je suis désolée d'avoir été faible. J'ai peut-être tenté d'avoir l'air forte, mais l'étais-je vraiment ?

» Mon dernier souhait était d'être incinérée, j'espère qu'il en sera ainsi. Pourquoi des tombes ? Des trous dans le sol ? Des moments difficiles à vivre ? Sans parler de l'espace qu'elles occupent, avec tant de gens qui meurent chaque jour. Des fleurs ? Ces choses-là sont pour les vivants. De beaux mots sur une pierre tombale ? Ces mots devraient être dits alors que les gens sont vivants.

» Je comprends que cela peut vous paraître morbide, mais j'ai pensé à écrire ces choses pendant un certain temps. J'avais déjà demandé à C. de m'accorder cette grande faveur. Je suis désolée, mais vous pouvez toujours choisir de ne pas lire ce texte.

» Que dire de plus ? Vivez votre vie. Il n'y a pas de bonheur, il n'y a que des moments de bonheur. Alors, pour ceux-ci, respirez, sentez, ressentez, prenez des photos pour ne pas les perdre ni les oublier.

» En 2006 fut découvert mon problème de cardiomyopathie dilatée. Je n'avais aucune idée de ce dont il s'agissait. J'étais au chômage. J'ai décidé de prendre du temps pour moi, je me suis inscrite dans une salle de gym. J'ai alors réalisé que j'étais extrêmement fatiguée. Ce n'était pas normal. J'ai toutefois réussi à vivre une année presque normale, sauf pour mon rêve de louer un appartement.

» En 2007 j'ai connu des hauts et des bas. En mars, j'ai commencé à fréquenter C., la personne la plus merveilleuse que je n'ai jamais rencontrée, avec qui j'ai beaucoup appris, qui a tout fait pour moi, qui m'a véritablement aimée. Je te souhaite toutes les bonnes choses que tu mérites, le meilleur de la vie. Toujours sincère, franc, honnête, respectueux, compréhensif. Je pourrais poursuivre cette énumération à l'infini. Je t'ai aimé, je t'aime et je t'aimerai toujours, peu importe où je suis maintenant. En mai, les choses ont empiré, mais la période estivale a été convenable. En septembre, j'ai subi un important problème au rein et j'ai été hospitalisée à Barreiro. Je suis passée par des moments dont je préfère ne pas parler. En octobre, j'ai perdu Jimmy, mon chaton. Depuis, je suis sur une pente glissante qui m'a conduite le 31 décembre à l'hôpital de Santa Marta.

» L'année 2008 a été triste. J'y ai perdu des gens que j'aimais beaucoup : Ricardo, Fernando, Marisa et João. J'ai aussi perdu Akira, mon petit porcelet adoré. J'ai passé plus de deux mois à l'hôpital de Lisbonne. Pendant des mois, je ne pouvais me déplacer que dans un fauteuil roulant et j'ai rarement quitté la maison. En juillet, mon état s'est amélioré de façon spectaculaire et j'ai été capable de passer une fin de semaine dans un hôtel et de plonger dans une piscine. J'ai pu me rendre à la plage et y tremper mes pieds. J'ai pu aller au McDonald's, marcher un peu, aller au café et manger des escargots. Vous pensez que c'est banal, non ?

» Mais lorsque vous passez un an sans rien faire de tout cela, vous ne pouvez pas imaginer à quel point toutes ces choses vous permettent de vous sentir bien et vous font pleurer de joie. Vous appréciez la vie intensément, la nature, la mer, le vent, la pluie, les fleurs. Même le fait de conduire une voiture. En août, tout a été de pire en pire et me voilà ici, en décembre, écrivant cela.

» En conclusion, je tiens à vous remercier tous, sans nommer personne, car ce serait injuste. Vous êtes trop nombreux. Chacun de vous sait à sa manière combien il m'a aimée. Mais je veux naturellement remercier mes parents pour leur soutien. Les choses ont parfois été compliquées entre nous, mais je sais que vous m'aimiez autant que je vous aimais. Cláudio, je ne trouve pas les mots pour te remercier de tout ce que tu as fait pour moi. Peu importe ce que tu dis, personne d'autre n'aurait pu le faire. Même si tu n'aimes pas que je t'exprime ma reconnaissance, je le fais une dernière fois : MERCI !

» Oh, quelques dernières requêtes, OK ? Battez-vous pour les animaux, battez-vous pour les gens, battez-vous pour ce monde qui ne semble plus être un monde. Devons-nous vraiment être la pire espèce de la surface de cette terre ?

» Bons baisers à tous !

» Tânia Vanessa Silva Maia »

Et moi, je tiens à remercier cette jeune femme courageuse. Je continue à œuvrer pour le bien-être des gens et des animaux. Je pense souvent à Tânia et j'ose espérer que de l'endroit où elle est, elle peut comprendre que je donne suite à ma façon à ses dernières requêtes.

J'exprime aussi ma reconnaissance à Valérie Gosselin qui, sans le savoir, m'a permis d'accueillir le décès de Tânia en parlant de celui de Charles. Ces deux jeunes sont partis à 26 ans, et il faut croire qu'ils avaient accompli leur mission. Je ne verrai plus jamais la mort d'une jeune personne de la même façon. Sans parler de fatalité, j'y saisirai maintenant l'ordre des choses. Pour un parent, un enfant ou un conjoint, l'acceptation s'avère certainement plus difficile. L'épreuve devient néanmoins plus raisonnable lorsque l'on peut y donner un sens.

Message d'espoir

Nous devons tous mourir un jour. La mort fait partie intégrante de la vie. Apprivoiser la mort est un pas vers la sagesse et la sérénité. Nous n'avons pas à attendre au dernier moment pour décider d'accueillir notre propre mort dans la paix. Chaque renoncement et chaque deuil de notre vie nous invitent à prendre conscience de notre mort, en considérant celle-ci comme un aboutissement naturel de notre existence. Mourir, c'est naître à de nouvelles expériences dans un monde différent, mais tout aussi passionnant que celui dans lequel nous vivons actuellement.

Thérèse de Lisieux

Thérèse, tu as demandé à passer ton ciel à faire du bien sur la terre. Tu as toujours été présente au cours de ma vie. Je te dis merci !

Michèle Morgan

Thérèse de Lisieux

Thérèse de Lisieux, appelée « sainte Thérèse de l'Enfant-Jésus », est arrivée très jeune au Carmel avec la permission de son père.

Son autobiographie intitulée *Histoire d'une âme* m'a été offerte par ma mère qui rêvait de devenir religieuse et qui entra aussi au couvent au début de l'âge adulte. Après un postulat et un noviciat, la supérieure lui conseilla de vivre quelques années « dans le monde » pour s'assurer de sa vocation. Comme elle avait terminé des études d'infirmière chez les Sœurs de la Providence, elle se dirigea dans un établissement pour y œuvrer comme laïque. Elle y connut mon père, hospitalisé pour quelques semaines, et elle l'épousa deux ans plus tard. Le cloître n'était sans doute pas la mission que la vie lui réservait. J'en suis fort aise, car je ne pourrais aujourd'hui écrire ce livre.

Ma mère a toutefois conservé une âme pure et idéaliste. Elle me parlait de Jésus comme si elle l'avait rencontré en chair et en os. Quant à Thérèse, elle l'avait prise comme modèle lorsqu'elle travaillait en milieu hospitalier. Elle m'avait expliqué que Thérèse, toute jeune et humble, avait découvert la petite voie pour arriver à la sainteté. Cette petite voie consistait notamment à accueillir avec compassion et respect toutes les personnes placées sur son chemin, même si celles-ci pouvaient occasionnellement la contrarier. Thérèse aidait souvent de vieilles religieuses acariâtres et elle avait appris à le faire avec douceur et sourire. Une tâche difficile quand on possède du tempérament et de la fougue. Ma mère appliquait cette règle auprès de malades impatients ou impolis. Elle s'efforçait de voir en eux le bon et elle pardonnait leur mauvais caractère. Elle redoublait de gentillesse pour arriver à faire basculer leur âme du côté positif.

Toute petite, Thérèse regardait les étoiles et elle y voyait la lettre « T » dans le ciel. Elle disait à son père : « Regarde, papa, mon nom est écrit dans le ciel. » Morte à 24 ans des suites d'une tuberculose, Thérèse de Lisieux a dit qu'elle ferait tomber sur terre une pluie de roses. Elle a aussi ajouté qu'elle voulait passer son ciel à faire du bien sur la terre. De son vivant, elle priait beaucoup pour les âmes et elle désirait poursuivre cette mission dans l'au-delà.

Si vous lui demandez de l'aide, elle vous écoutera. Chose fascinante, c'est qu'elle se manifeste très souvent par des roses. Dans les petites comme les grandes choses de la vie, Thérèse est toujours là !

Anecdotes amusantes au sujet de Thérèse

Il y a quelques années, je me trouvais à la piscine de l'hôtel Le Méridien, à Montréal, que je fréquentais presque tous les jours.

À mon arrivée, je vois la surveillante des lieux et je constate qu'elle a l'air triste. Elle me raconte brièvement qu'elle se soucie de sa maman. Je lui parle alors de Thérèse, lui dit qu'elle peut lui demander de l'aide et qu'elle recevra un signe par une rose. Je lui précise que cette fleur peut revêtir plusieurs formes. À titre d'exemple, je lui dis que si elle implore Thérèse, quelques minutes plus tard, elle peut ouvrir la radio et entendre la chanson *Donnez-moi des roses*. Elle peut aussi remarquer une rose dans un livre ou un journal. Elle peut enfin voir une vraie rose. La jeune femme m'écoute avec attention et elle me confie qu'elle n'a rien à perdre à essayer. Elle se dit étonnée parce qu'elle n'a jamais appris à prier, mais elle me trouve convaincante. Je commence à nager et j'entends soudain un véritable cri primal qui m'invite à regarder ce qui se passe. Je constate que le son vient de la surveillante, que je m'empresse de rejoindre pour voir si elle se sent bien. Elle m'explique qu'au moment où elle parlait à Thérèse en lui confiant ses problèmes, un employé de l'hôtel vint lui porter son repas, comme c'est la coutume. Cette fois, cependant, elle trouva une rose dans le plateau alors qu'elle était justement à prier Thérèse. La surprise en fut une de taille pour elle. Après avoir demandé à ce jeune homme la raison de la présence de cette fleur, il lui dit qu'il avait vu des bouquets dans une salle où une réunion avait pris fin. Il avait songé que ceux-ci seraient probablement jetés et il avait spontanément cueilli cette rose pour agrémenter le repas de la surveillante, sans arrière-pensée pour la charmer. Quelle synchronicité !

Je me souviens d'un autre événement. Une de mes collègues de travail vivait d'énormes problèmes et elle ne savait plus quelle direction prendre.

Après avoir entendu parler de mon amie Thérèse, elle décide de s'adresser à elle. Quelques jours plus tard, sa sœur se rend chez elle avec une rose à la main. Elle dit qu'un rosier présent dans sa cour n'avait plus produit de fleurs depuis trois ans. C'est la première depuis ce temps et elle est heureuse de l'offrir à sa jeune sœur.

Cette même collègue me raconta aussi une anecdote amusante au sujet de Thérèse. Son conjoint et elle désiraient acheter un chalet et ils n'arrivaient pas à se décider. Une maison de campagne les séduisait et ils espéraient une indication concrète pour leur permettre de faire le grand saut. Vous me direz que cette façon de procéder n'est pas très efficace sur le plan financier, mais je sais que ce couple avait déjà obtenu toutes les attestations à cet égard. Ce qui leur manquait, c'était le signe plus subtil que l'endroit leur était destiné. Ma collègue demanda donc à Thérèse de la guider. Son conjoint et elle se rendirent pour une deuxième visite des lieux. Cette fois, ils allèrent jusqu'au grenier avec lucarne, endroit où la propriétaire avait remisé les effets moins utiles, mais dont elle n'arrivait sans doute pas à se séparer. Ils y découvrirent notamment un rouet antique, des boîtes poussiéreuses contenant des vêtements, quelques jouets, dont un cheval berçant, et un meuble de rangement en bois massif. La curiosité les poussa à ouvrir ce coffre aux trésors. Ils y trouvèrent peu de choses : des cartes de souhaits conservées au fil des années et un seul bouquin, *Le petit prince* d'Antoine de Saint-Exupéry. Un signet de carton, avec l'image d'une rose, marquait une page de ce livre et fit sursauter ma collègue. Une phrase était repérée au crayon-feutre jaune : « C'est le temps que tu as perdu pour ta rose qui fait ta rose si importante. » Deux semaines plus tard, ma collègue et son conjoint ont acheté la maison de campagne qui, après quelques années, est devenue leur résidence principale. La vendeuse a repris ses cartes de souhaits et ses vêtements, mais elle leur a laissé le rouet, les jouets et le coffre au trésor incluant *Le petit prince*.

Avant de parler de mon amie Thérèse à d'autres personnes, j'ai évidemment expérimenté cette communication inusitée avec une âme si belle et si pure. Je me souviens de ma toute première demande. Dans la jeune vingtaine, criblée de dettes d'études, malheureuse en amour, je commence sur le marché du travail et je n'arrive pas à voir le bout du tunnel. Après avoir relu l'autobiographie de Thérèse, je pense que j'ai tout à gagner à me confier à elle. Quelques jours plus tard, c'est mon anniversaire de naissance. À ma grande surprise, je reçois une douzaine de roses roses, la première de toute mon existence. Elles viennent de ma mère à qui, pourtant, je n'avais rien dit de ma démarche. Aujourd'hui, j'« intuitionne » encore que Thérèse lui a soufflé à l'oreille de m'offrir ce si beau cadeau.

Plusieurs expériences m'ont fait comprendre que Thérèse entend mes prières. Elle se manifeste certes par une rose, mais sa présence dans ma vie m'apporte davantage. Elle m'éclaire dans mes choix. Elle me permet aussi de réaliser le pourquoi de certains événements difficiles placés sur ma route. Pendant des années, j'ai été abonnée à la marche des roses diffusée par le Centre Missionnaire Sainte-Thérèse qui a son siège social à Montréal. Fondé par l'ordre des capucins, qui est sous la protection de la petite Thérèse, ce centre produit et diffuse un document cartonné sur lequel se trouve une photo de Thérèse entourée de cinquante roses. Sous chacune d'elles, on peut placer une pièce de dix cents, car une insertion est prévue à cette fin. Un porte-billet existe maintenant pour transmettre à l'institution un envoi postal plus sécuritaire. Celui-ci est de cinq dollars. Les fonds recueillis sont ensuite donnés aux missionnaires capucins qui œuvrent dans le Tiers-Monde. Un jour, j'avais prié très fort ma grande amie et je n'entendais pas sa réponse après plusieurs semaines. Un peu impatiente et irritée, je me revois dans ma voiture à lui parler mentalement. Je décide de demander à Thérèse la raison de son silence. Je m'arrête comme chaque jour au service des postes pour y chercher mon courrier : quelques lettres et un feuillet produit par les pères capucins. Ouvrant au hasard ce document, je tombe pile sur une page où se trouve une superbe photo de Thérèse. Sous cette image, je lis ceci : « Je suis toujours là pour toi. »

Un peu honteuse de mon impatience, cette expérience m'a fait sourire et m'a redonné confiance. Je me suis excusée auprès de mon amie en admettant que, de mon côté, je n'arrive pas toujours à répondre rapidement à ceux qui me demandent de l'aide. Puis, avec la promotion de Thérèse que je fais depuis plus de vingt ans, cette dernière ne doit pas manquer de travail !

Une dernière anecdote plus récente me fait aussi réaliser que je peux compter sur Thérèse dans les moments difficiles. En vacances à Cuba avec mon mari, je n'avais pas la tête complètement tranquille en raison de ma résidence à Lac-Beauport, que je n'habitais plus depuis novembre 2001 et que je louais depuis cette date. J'ai décidé de mettre cette maison en vente, mais je me sentais inquiète quant à l'issue de ce dossier. En voyage, ce n'est peut-être pas le meilleur moment pour se faire du souci et imaginer des scénarios. J'ai donc confié à Thérèse (et à mon courtier André !) mon anxiété, en lui demandant si j'allais recevoir bientôt des nouvelles positives. Le jour de notre départ, la femme de chambre, à qui j'avais offert quelques vêtements et des boucles d'oreille en remerciement de ses services, nous a laissé une lettre d'au revoir. Sur ce document, elle avait déposé une magnifique longue rose que j'ai rapportée chez moi, que j'ai fait sécher et qui se trouve sur mon écran d'ordinateur. Je la regarde avec joie en me disant que Thérèse sera là pour moi, que ce soit pour la maison du lac ou pour autre chose. La maison a trouvé preneur quelques semaines après notre retour de vacances.

Message d'espoir

Il n'est pas nécessaire d'avoir la foi pour commencer à prier. L'espérance suffit! Nous utilisons chaque jour des centaines d'objets complexes dont nous ne comprenons pas toujours les moindres détails de fabrication. Certaines publicités préconisent le dicton suivant : « L'essayer, c'est l'adopter. » Dès que vous aurez compris la puissance d'amour de Thérèse, une seule fois, vous l'adopterez!

TROISIÈME PARTIE

Des animaux chers à mon cœur

« L'enfant qui sait se pencher sur l'animal souffrant saura un jour tendre la main à son frère. »

Albert Schweitzer
(médecin français, Nobel de la paix 1952)

« Celui qui connaît vraiment les animaux est par là même capable de comprendre pleinement le caractère unique de l'homme. »

Konrad Lorenz
(ethnologue autrichien, Nobel de médecine 1973)

Réflexion sur l'âme des animaux

La complicité avec un animal de compagnie change notre regard sur tout le règne animal. Cette expérience invite à respecter ces êtres vivants qui agrémentent la vie humaine. La plupart des gens mangent de la viande et du poisson sans réaliser leur chance tellement cette habitude leur est simplifiée par le modernisme des épiceries. Le végétarisme permet de jouir d'une alimentation équilibrée sans consommer de la chair, mais cette approche n'est pas encore à la portée de tous. Elle n'est d'ailleurs pas recommandée pour tous les climats. Les bêtes servent donc à nous nourrir, à nous faire vivre en bonne santé. Il est conséquemment juste d'en être conscient et reconnaissant.

Les animaux de compagnie apportent une autre dimension à notre quotidien. De nombreux écrits existent déjà sur l'importance de notre contact avec eux et de l'effet thérapeutique de ce dernier sur nos humeurs. Lors de salons du livre, j'ai personnellement eu le privilège de rencontrer le Dr Joël Dehasse, vétérinaire de Belgique, auteur de magnifiques ouvrages. Il est l'un des spécialistes européens les plus connus et les plus appréciés des professionnels de l'éducation canine et du comportement des bêtes en général. Cet homme m'a chaudement encouragée à publier un texte sur l'âme des animaux. Issu du monde scientifique, il m'a confié avoir des notions sur le sujet, mais il s'impose lui-même une réserve et même une censure à cet égard pour ne pas susciter des réactions non désirées au sein de ses pairs. Par ses livres et ses conférences, il n'hésite toutefois pas à parler ouvertement des émotions et d'une forme d'intelligence des bêtes. C'est en fait le plus loin qu'il se permet d'aller publiquement.

D'autres auteurs ont également étudié le comportement animal. L'un d'eux est Konrad Lorenz, biologiste et zoologiste autrichien, titulaire du prix Nobel de médecine. Cet homme sympathique a observé des animaux sauvages et domestiques. Il a passé une grande partie de sa vie à examiner des oies cendrées, réalisant alors le travail le plus complet à l'heure actuelle sur cette espèce. Mon père décédé avant que Lorenz ne publie sur ces palmipèdes aurait été ravi de lire cet auteur, puisqu'il en avait adopté une qui le suivait comme un chien. Très attachée à Daddy, elle mourut peu de temps après lui. On aurait dit qu'elle ne voulait pas être séparée de son maître.

Pour les amateurs du genre, je recommande aussi tous les livres de James Herriot, vétérinaire et écrivain anglais. Ses livres ont eu un énorme succès et ils sont parmi les plus vendus aux États-Unis et au Royaume-Uni. Il y raconte de nombreuses anecdotes amusantes ainsi que des incidents de la vie d'un vétérinaire de campagne anglaise. Adaptés pour le cinéma et pour une série télévisée, ses bouquins suscitèrent plusieurs vocations de la profession. Des traductions françaises sont maintenant offertes, mais je suggère aux personnes qui comprennent l'anglais de goûter aux textes originaux qui nous mettent en contact avec des accents particuliers au patelin où vivait l'auteur. Je garde un excellent souvenir de ces lectures et je me propose de les reprendre un jour.

Lors de la mort de l'un de mes chats, j'ai reçu en cadeau deux magnifiques livres : *Angel Whiskers*, édité par Laurel E. Hunt, ainsi que *Deuil animalier*, de France Carlos. Ces écrits, particulièrement le deuxième, aident à traverser les étapes de la séparation. Le décès d'un compagnon poilu provoque de vives émotions qui ne sont pas toujours bien comprises par l'entourage. On peut entendre des réflexions qui ajoutent à notre douleur : « Ce n'était qu'un chien, tu peux le remplacer, tu ne devrais pas avoir autant de peine. » Plusieurs vivent de la culpabilité ou de la colère lorsque, incapables de trouver le moyen de guérir leur bête, ils se sont résignés à l'euthanasie. Le manque de la présence physique se fait aussi sentir dès les premières heures du départ. Le toucher, l'odeur et les sons familiers font place à un vide immense. Le temps s'arrête et la personne endeuillée a l'impression qu'elle ne pourra jamais plus être heureuse. En fait, le deuil animalier ressemble beaucoup à la perte d'un parent proche. Nos protégés font partie de notre famille et leur disparition ne peut nous laisser indifférents.

Après une carrière de journaliste et de chef d'antenne pour un important réseau de télévision au Québec, Louise Lalonde devient, en 1994, la propriétaire d'*À la mémoire de nos amis*, premier cimetière certifié pour animaux de compagnie. Un long trajet la conduit à l'époque vers cette mission pour laquelle elle milite déjà depuis plusieurs années, soit la cause animale. Celle-ci touche notamment la lutte contre la maltraitance, contre l'exploitation par la reproduction, contre le manque de ressources, contre les services trop coûteux. Elle lutte également pour l'adoption de lois protégeant les animaux de compagnie, les bêtes sauvages et de fermes. Le cimetière voit le jour à l'issue d'une bataille d'articles de presse, d'une active participation à des organismes militants et à des conseils d'administration pour la protection des animaux. Depuis sa création, le parc où reposent de nombreux animaux est devenu un magnifique jardin privé à l'ombre des arbres. Personne n'y a toutefois accès, à l'exception de ceux qui y ont fait enterrer leurs protégés.

Louise est pour moi une amie dont j'admire le travail innovateur. En mars 2008, elle accordait une entrevue à David Desjardins, journaliste de *Voir* (Québec). Très loin du monde animal et sceptique quant à la pertinence d'un cimetière dédié aux bêtes, il s'est rendu à la source pour essayer de comprendre le tournant de carrière de cette excellente journaliste et les motifs qui incitent les gens à faire enterrer ou incinérer la dépouille de leurs animaux de compagnie. Elle lui a parlé en ces termes : « Comme journaliste, j'avais l'image d'une société délinquante, décadente, obsédée par les intérêts économiques, rarement sociaux, une société qui se tire dans le pied. Au cimetière, je rencontre des gens avec une autre perspective de la vie. » Dans un éditorial consacré à la mort des animaux, une dame qui a choisi l'option de l'enterrement déclare avoir énormément de problèmes avec ceux qui traitent les animaux comme de la charogne. Elle dénonce aussi le fait que l'on utilise à des fins industrielles le corps d'un animal « membre » de notre famille pendant de nombreuses années. Elle considère que disposer de la dépouille de manière écologique, par incinération ou par enterrement, dans un endroit spécialisé, conformément à la loi et à l'hygiène, est une saine initiative. Elle parle en termes élogieux du cimetière *À la mémoire de nos amis*. Elle a constaté à quel point ce lieu est bien entretenu. J'ajouterais que Louise se distingue par l'empathie, le respect et la compassion dont elle fait toujours preuve pour accompagner les gens dans leur tristesse. Avec sa capacité d'écoute et de communication, elle sait déposer avec douceur un baume sur la plaie vive. J'ai aussi fait enterrer le corps d'un animal et je paye ma modeste cotisation annuelle pour contribuer à la conservation de l'endroit. Un site Internet apporte de plus amples informations sur cet emplacement unique dans la région de Québec. On y évoque plusieurs raisons pour lesquelles une personne choisira cette option. En voici quelques-unes qui se passent de commentaires :

- Parce que l'on ne veut pas que l'on se défasse du corps de l'animal comme d'une ordure.
- Parce que l'on veut un endroit sûr et approprié pour l'animal qui a partagé des moments importants.

- Parce que l'on ne veut pas l'abandonner. Il est un membre de la famille.
- Parce que l'on constate sur les lieux que d'autres ont aussi vécu un tel chagrin.
- Parce que l'on souhaite que la disposition de son corps se fasse sans délai inutile et sans plusieurs intermédiaires.
- Parce que l'on refuse le doute et que l'on veut voir tout ce qui concerne la manipulation du corps de notre animal.
- Parce qu'en voyant le lieu protégé où repose l'ami, cela est rassurant.
- Parce que le coût est accessible à tous.
- Parce que l'on désire la discrétion, l'absence de jugement, l'écoute.
- Parce que cet accompagnement est doux et sans traumatisme. Il ne prolonge pas la peine. Il permet de la traverser.

Je reçois chaque année des centaines de lettres et de courriels de gens qui cherchent des informations sur la réincarnation des âmes animales. Je fais le vœu que mon texte apporte l'espoir que la vie ne cesse pas avec la mort physique. Je tiens à préciser que mon savoir en cette matière est essentiellement basé sur mon expérience et sur mon intuition. Cette connaissance n'a donc rien de scientifique et elle est contestable. Mon but n'est pas de convaincre qui que ce soit. Je n'ai pour seul objectif que de partager mes découvertes avec tous ceux qui cherchent des réponses à leurs interrogations ou qui ont déjà observé des phénomènes comparables dans leur propre existence.

La question de l'âme des animaux se pose depuis toujours. La littérature sur ce sujet n'est toutefois pas très abondante. Le livre *L'âme des animaux* de Jean Prieur demeure le classique dans ce domaine. Cet autre livre intitulé *Le peuple animal, les animaux ont-ils une âme ?*, écrit par Daniel Meurois et Anne Givaudan, apporte aussi des informations intéressantes à ce sujet. Ma bibliothèque contient quelques titres qui abordent directement ou indirectement cette question. La plupart de ces écrits sont publiés en anglais. Le livre de Kim Sheridan, *Animals and the Afterlife*, est unique en son genre. Il est venu appuyer mes intuitions et mes expériences passées sur la vie de l'âme animale après le décès. Kim Sheridan et son mari ont développé une expertise en communication animalière et ils sont connus en Californie. Grâce à ce bouquin, j'ai notamment découvert que le rat, intelligent et très propre, peut aisément devenir animal de compagnie au même titre qu'un chien, un chat ou un oiseau. J'ai aussi compris que la perte d'un animal, même celle d'un tout petit rat, pouvait engendrer autant de souffrance que la disparition d'un être cher. Ce fut l'expérience éprouvante de Kim Sheridan qui, toutefois, a fini par constater qu'après la mort, la vie continue.

Mon point de vue sur la réincarnation

Les réincarnations ne se produisent pas au même rythme et de façon identique d'un individu à un autre. Chez l'être humain, la vitesse de retour dépend du niveau de conscience de la personne décédée ainsi que de son libre arbitre. Je vous donne un exemple : si vous avez travaillé très fort pour obtenir un diplôme universitaire de maîtrise, vous n'aurez pas nécessairement l'envie de vous inscrire tout de suite pour des études de doctorat. Le phénomène de la réincarnation s'apparente à cette situation. Pour revenir, il faut d'abord savoir que nous pouvons accéder à ce passage. Il est ensuite impératif d'avoir le courage de le faire. Plusieurs quittent la terre sans même avoir pris conscience de leur capacité de poursuivre leur perfectionnement en s'appliquant à vivre conformément aux lois de la création et en apprenant à développer leurs ressources spirituelles plutôt qu'à accorder trop d'importance à l'aspect matériel. Pour ces individus, l'éveil risque d'être long. Nous avons heureusement des guides qui nous aident à comprendre la nécessité de nous réincarner pour parfaire notre évolution. Par ailleurs, si une personne meurt avec cette pleine connaissance, le retour peut se faire rapidement. Des penseurs affirment que tout s'accélère avec l'arrivée de l'ère du Verseau.

Pour ce qui est des animaux, les choses se passent différemment, car ceux-ci ne jouissent pas comme nous du libre arbitre. La relation avec des gens qui les aiment et qui favorisent leur évolution en tant qu'âme animale leur offre cette possibilité. Encore là, les réincarnations dépendent du niveau de conscience de ceux qui ont eu le privilège d'entrer en contact avec ces bêtes. J'ai appris que les réincarnations sont fréquemment observées chez les chiens, les chats et les chevaux, justement en raison du fait que ces derniers s'attachent de façon très particulière aux humains et qu'ils arrivent à se détacher de l'âme-groupe. Lorsque j'ai perdu ma Soleil, je ne savais pas qu'elle reviendrait et je suis donc allée à la recherche de la vérité. J'ai mis du temps à explorer, à lire, à chercher l'information auprès de personnes en qui j'ai confiance et qui ont cheminé spirituellement. Par la suite, j'ai vécu l'expérience et j'ai acquis cette conviction.

Je veux à mon tour « partager » afin d'apporter aux gens un éclairage sur cette réalité pourtant bien simple et naturelle. En résumé, plus nous sommes au fait de la possibilité de la réincarnation, tant pour les humains que pour les animaux, plus les phénomènes se produisent rapidement. Il faut, bien sûr, respecter le cheminement particulier de tout individu. Les bêtes ont aussi des guides et leur propre route à suivre. La vie terrestre est magnifique, mais elle est remplie d'obstacles et d'embûches. L'être humain et l'animal en évolution arrivent un jour à un stade où ils peuvent demeurer dans une sphère spirituelle. Des âmes ne séjournent que brièvement sur terre pour accéder à une dimension plus éthérée, sans avoir à se réincarner.

Des amis de Québec gardaient des chats déjà connus que leurs enfants reconnaissaient aisément non par leur couleur, mais bien par de nombreuses caractéristiques de comportement. Un jour, ce couple comprit que l'un de leurs félins ne reviendrait plus. Après son décès, les deux personnes l'ont simultanément vu en rêve et elles ont constaté qu'il jouissait d'un grand bien-être là où il se trouvait. Ces phénomènes naturels se produisent pour peu que nous leur portions une attention particulière.

En période de deuil, nous pouvons nous adresser aux *dévas* (guides des animaux) et les prier de prendre soin du protégé que nous avons perdu jusqu'à sa prochaine incarnation. Si son heure de retour n'est pas venue, la vie peut nous conduire vers une autre âme animale en attendant un moment propice de retrouver celle qui nous a quittés. Néanmoins, selon le plan d'évolution de cette personne et de cet animal, ce dernier peut revenir rapidement.

Je suis persuadée que des parents ou des amis décédés continuent de nous aider comme au temps de leur incarnation, lorsqu'ils vivaient physiquement à nos côtés. Sans posséder la faculté d'accéder à toutes nos requêtes, car le fait d'être rendus dans le monde astral ne leur donne pas des pouvoirs magiques, ils peuvent cependant nous inspirer et nous soutenir dans nos épreuves. Ils peuvent aussi se réjouir de nos réussites et s'associer à notre bonheur. De leur côté, ils nous apportent aide et réconfort, du nôtre, nous pouvons favoriser leur ascension spirituelle. Il s'agit d'un échange d'amour.

Le décès d'un animal peut donc être envisagé comme une expérience constructive pour apprendre à un enfant ou à un adulte cette certitude inéluctable de la mort et pour faire réaliser l'importance de vivre pleinement le moment présent. Louise Lalonde déclarait à David Desjardins : « Pour les enfants, c'est souvent le premier contact avec la mort. Ils lisent parfois un mot qu'ils ont écrit à propos de l'animal, et c'est l'occasion pour les parents de parler avec eux de la mort. » Le fait de savoir que l'âme continue de vivre et peut revenir met un baume et facilite l'acceptation de l'épreuve.

Les histoires qui suivent sont authentiques et les images qui accompagnent mes textes représentent des photos de mes animaux de compagnie. Ceux qui n'ont jamais vécu l'expérience d'avoir un chat, un chien ou un autre protégé ne peuvent comprendre à quel point chaque bête est un individu unique et irremplaçable. Chacun a sa personnalité, son caractère et une façon particulière d'interagir avec les humains et avec ses congénères. Il est important de réaliser que les animaux sont vivants, qu'ils ressentent des émotions et qu'ils ont une âme sensible.

Soleil, ma chienne golden retriever

« Connaître, ce n'est point démontrer ni expliquer. C'est accéder à la vision. »

Antoine de Saint-Exupéry

Soleil, ma chienne golden retriever

Ma chienne, Soleil, est revenue vers moi à deux occasions après avoir quitté son enveloppe terrestre. Cette histoire est sortie tout droit d'un conte de fées, mais elle est plus belle encore que tous les récits de mon enfance.

La lecture de ce texte pourrait susciter l'idée qu'il relève de l'imaginaire. Moi-même sceptique au début de cette expérience, je me suis rendue à l'évidence que les animaux possèdent bel et bien une âme et que celle-ci peut se réincarner, tout comme celle de l'être humain.

Plusieurs personnes me demandent comment j'ai réussi à reconnaître Soleil, comment j'ai su qu'il s'agissait bien d'elle.

Voici l'histoire au meilleur de mes souvenirs

Ayant quitté Montréal pour Québec, je suis alors propriétaire de ma première maison et je décide d'adopter des animaux. J'avais longtemps caressé ce rêve lorsque je vivais en appartement. Je le réalise enfin.

Soleil d'hiver est née en décembre 1987 et elle arrive dans notre foyer en février 1988. Adorable et très belle, elle souffre néanmoins de sérieux problèmes d'allergies soignés, à l'époque, par la prise quotidienne de médicaments à la cortisone. Elle meurt le 17 novembre 1993 des suites de complications aux reins. À cette étape, je commence à m'interroger au sujet de l'âme des animaux. Elle me manque terriblement, car elle partageait avec moi tous mes temps libres. À vrai dire, je suis complètement dévastée par son départ.

Depuis le décès de mon père lorsque j'avais douze ans, je n'avais pas subi de perte aussi importante. Je me souviens avoir intuitivement et spontanément confié Soleil à Gérard D. Lévesque, homme politique bien connu au Québec et mort le même jour qu'elle. M. Lévesque avait déjà travaillé avec mon conjoint, mais cette information me fut transmise après mon appel à l'aide.

Trois semaines plus tard, en visite chez mon vétérinaire pour un de mes deux chats, cette anecdote prend tout son sens. Lorsque je demande au Dr Caron s'il juge mon inconsolable chagrin comme démesuré, il me rassure. J'apprends de lui que bon nombre de personnes éprouvent autant de peine à la perte d'un animal de compagnie qu'au moment de la disparition d'un proche parent ou d'un ami. Il me confie qu'un de ses clients, plusieurs années auparavant, avait un golden retriever. Ce chien souffrait du même problème de santé que Soleil. Cet homme l'avait supplié de sauver son protégé ou de prolonger sa vie le plus longtemps possible, selon les soins disponibles. Mon vétérinaire me dit aussi que cet individu lui paraissait mature et équilibré et qu'il occupait une place stratégique au sein de la vie politique du Québec. Il lui avait néanmoins avoué qu'il considérait cet ami canin comme le compagnon idéal lorsqu'il revenait tard le soir, après une dure journée de labeur, ou qu'il devait se lever très tôt pour prendre un avion. Ce chien représentait pour lui un membre important de la famille et il n'acceptait pas de le perdre.

Mon vétérinaire me dit enfin le nom de cet homme, soit Gérard D. Lévesque, celui à qui, le jour de son décès, j'avais confié ma Soleil. Je reste d'abord bouche bée. Je ne peux ensuite résister de raconter cette anecdote au Dr Caron, sachant pourtant que les phénomènes de la vie après la mort ne sont certes pas sa tasse de thé. Il me répondit avec tout le respect et le tact que je lui connais : « Michèle, ta chienne ne peut se trouver en compagnie plus agréable qu'avec cet homme exceptionnel. » Ce dernier adorait son animal. Cette phrase m'apporte un bref soulagement, mais je continue de pleurer comme une Madeleine. Progressivement, je traverse les étapes normales du deuil et je finis par retrouver le sourire, même si, au plus profond de moi, subsiste un certain vide. La place de Soleil dans mon cœur lui est toujours réservée.

Le 17 novembre 1994, une année exactement après le décès de celle-ci, je décide de visiter ma mère à Montréal. Sur le chemin du retour, sans raison logique, je ressens une pulsion de me diriger vers le chenil où Soleil était née en 1987. Spontanément, je téléphone à Chantale, l'éleveuse, mais je ne réussis pas à la joindre. Je me rends quand même à cet endroit où je ne trouve que la meute de chiens à l'extérieur. Parmi ces magnifiques bêtes qui sautent de joie et qui aboient à mon arrivée, je remarque, dans le premier enclos, une chienne délicate qui me regarde avec douceur. Contrairement aux autres moins calmes, elle n'aboie pas. Sans la quitter des yeux, je ressens tout à coup l'intuition très forte que ma Soleil va revenir et que cet animal permettra à son âme de s'incarner. Je ne sais rien d'elle et je ne connais pas son nom. Le temps s'écoule rapidement et j'ai l'impression qu'une voix intérieure me révèle ces idées venues de nulle part.

Cet événement court, mais intense, constitue un tournant de ma vie. Je reprends la route pour Québec avec un étrange sentiment de joie et de sérénité. Pour la première fois depuis le décès de Soleil, je me sens totalement dégagée. La peine fait place à la paix. Comme si j'étais soudainement libérée du grand poids de tristesse qui m'avait envahie dès son départ. À mon retour, je suis seule. Je me fais couler un bain moussant et je mets de la musique de Mozart. Lorsque mon conjoint revient à la maison, je lui raconte cette étrange histoire qui lui paraît troublante. De mon côté, je sens que mon intuition est juste et que je dois y donner suite.

Je téléphone donc à l'éleveuse pour lui narrer l'événement. Très respectueuse, tout en m'expliquant qu'elle ne connaît rien à la réincarnation des personnes ou celle des bêtes, Chantale accepte de m'écouter et de me répondre. Elle m'apprend que l'animal du premier enclos, une femelle de sept ans, se nomme « Fanny » et qu'elle est encore fertile. Elle me conseille toutefois d'adopter un mâle pour éviter la comparaison avec Soleil. Mon histoire relevant pour elle de la pure fantaisie ne m'empêche pas de continuer à ressentir cette forte intuition. J'envoie donc cent dollars (acompte) à Chantal et la prie de communiquer avec moi lorsque Fanny mettra au monde des chiots. Cette étape finalisée, je chasse de ma pensée toute nostalgie et je laisse l'espoir m'habiter.

Le temps passe et je déménage en juin 1995 après une rupture difficile. Je choisis une résidence en montagne où j'emménage avec mes deux chats perturbés par le nouveau décor, alors que cette maison représente pour moi une libération. En août 1995, Chantale communique avec moi pour me dire que Fanny s'est accouplée. Au lieu d'accoucher de cinq à six chiots comme à son habitude, elle ne portait cette fois qu'un seul animal. Le vétérinaire a été obligé de lui faire une césarienne à cause de complications. Le même problème est survenu à Camomille, une autre de ses chiennes, qui a mis au monde trois mâles. Ceux-ci ont été sauvés avec leur mère. Quant à Fanny, elle est malheureusement décédée en donnant naissance au seul chiot dans son ventre, une femelle bien en vie, contrairement aux mâles nés somnolents en raison de l'anesthésie donnée à leur mère. Camomille prend sous son aile la petite femelle comme si elle lui avait elle-même donné la vie. Chantale revint donc chez elle le cœur lourd d'avoir perdu sa Fanny qu'elle aimait particulièrement et elle ne songe pas une seconde à mon histoire lorsqu'elle arrive à la maison avec Camomille et les quatre chiots. Agathe, l'une de ses filles âgée de six ans, reconnaît rapidement Soleil. Elle prie Chantale de communiquer avec moi pour m'annoncer cette heureuse nouvelle.

Lorsque Chantale me joint par téléphone, je réagis d'abord avec étonnement. Non préparée à prendre un nouveau protégé, je me sens bousculée. Ma mère décède en septembre 1995 et je suis écrasée par les récents événements de ma vie. Curieuse, je décide d'aller rencontrer cette petite femelle en m'interrogeant sur ma capacité à la reconnaître. Je m'y rends avec l'esprit ouvert, mais je suis remplie de scepticisme. Je me dis que mon imagination m'a peut-être joué un tour et que cette intuition ne représente qu'un beau rêve. Malgré les signes évidents, j'ai du mal à réaliser pleinement ce que je vis. Je ne la reconnais pas immédiatement et je la nomme « Camay ». De retour à la maison en sa compagnie, je m'interroge. Est-ce l'âme de Soleil d'hiver effectivement revenue dans ce corps en santé ? Je n'en ai pas la certitude, ce qui me dérange. Cela me paraît trop fantastique, trop magique pour être vrai. Je la retourne au chenil sans exiger de remboursement. Je suggère à Chantale de garder Camay en remplacement de sa Fanny dont elle pleure encore le décès. Chantale n'accepte pas mon offre. Selon elle, je mérite la présence de cet animal. Confuse et épuisée, je décide de la lui laisser malgré tout. Mon geste la met en colère. Durant trois semaines, elle est donc de retour avec Camomille, sa mère adoptive. Arrive ensuite cet appel téléphonique de mon éleveuse qui a trouvé des gens prêts à acheter Camay. Ceux-ci vivent en France et ils cherchent une golden depuis deux mois. Persuadée que le chiot est assez solide pour entreprendre le voyage, elle n'hésite pas à me les recommander. Je ne tolère pas l'idée de voir ce petit bout de vie dans la soute à bagages d'un avion et je me précipite pour aller la reprendre pour de bon. Arrivée au chenil, je l'appelle doucement par son nom. Les enfants de mon éleveuse me disent en chœur qu'il ne s'agit pas de « Camay », mais bien de « Soleil », de retour pour me consoler. Je pleure de joie et j'opte donc pour le nom « Soleil d'amour » avec la pensée heureuse que mon intuition s'est avérée juste.

Soleil d'hiver se distinguait par une manie, celle d'aller chercher de grosses pierres au fond du lac ou de la rivière. Elle plongeait habilement sous l'eau, les yeux grands ouverts, et elle trouvait rapidement sa roche. Si elle ne l'attrapait du premier coup, elle refaisait surface, prenait une profonde respiration et retournait au fond pour arriver à ses fins. Un jour, des plongeurs munis de bonbonnes l'ont captée en photo alors qu'elle s'adonnait à son sport préféré. Au cours de sa courte vie de cinq ans, elle était devenue une attraction touristique dans les environs.

La plupart des chiens possèdent l'instinct de rapporter des bâtons. Soleil d'amour s'intéresse d'abord aux branches et bouts de bois. Les roches ne semblent pas lui plaire. À peine âgée d'un an, je la conduis souvent au lac où elle nage comme un poisson. À cet égard, elle ressemble beaucoup à Soleil d'hiver. Lorsque nous nous promenons en forêt, elle reconnaît tous les sentiers et les raccourcis que ma première Soleil avait découverts. Je l'observe et je sens de tout mon être qu'il s'agit de la même âme. Quant à mes amis, qui ne l'ont pas rencontrée depuis plusieurs mois ou années, ils ne voient pas la différence malgré le fait que le pelage des deux chiennes ne soit pas identique. La première était blanche alors que la seconde est d'un blond doré. Dans mon esprit subsistent quand même des doutes. Un jour de l'été 1996, je la fixe droit dans les yeux et lui demande si elle est bien ma Soleil d'hiver revenue dans un nouveau corps. J'aimerais tant m'en convaincre. Je pars ensuite avec elle au lac à quelques minutes de ma maison. Je la regarde s'élancer comme une nageuse émérite et, avec surprise, je la vois plonger sous l'eau pour aller chercher une grosse pierre. De ce jour, elle ne veut rien savoir des bâtons. Mademoiselle ne s'attarde qu'aux roches. Cette fois, tous les questionnements sont gommés. J'ai quand même regretté cette interrogation, car les roches sont de mauvaises compagnes pour les dents qu'elles usent prématurément. J'ai retenu la leçon en me promettant une grande vigilance si l'occasion se présentait à nouveau.

Lorsque je reçus cette première intuition que l'âme de ma chienne reviendrait, j'ai prié pour qu'elle ait au moins la chance de bénéficier d'un corps en santé et de profiter d'une véritable qualité de vie. Je suis exaucée. Soleil d'amour est une chienne hyper énergique et elle jouit d'une santé exceptionnelle. Avec elle et mes deux chats, je vis de belles années. Le plus jeune des deux chats me quitte à sept ans. Une mort subite inexpliquée qui m'a causé du chagrin.

En novembre 2001, je laisse notre petite maison de montagne pour aller vivre avec mon amoureux. Ce changement de lieu et d'habitudes est un choc pour mes deux animaux, je l'ai constaté plus tard. Soleil devient anxieuse malgré la présence de mon conjoint à la maison la plus grande partie de la journée. Elle développe un fibrosarcome à l'abdomen dont elle ne guérit pas. Elle conserve quand même une belle qualité de vie jusqu'à la fin. Elle est jugée incurable et inopérable en raison de la grosseur de la tumeur. Mon vétérinaire me suggère de ne pas prolonger sa vie. À tout moment, elle risque de présenter de l'insuffisance respiratoire, ce qui entraînerait pour elle de pénibles souffrances. Elle fut endormie en août 2003, à peine trois semaines avant la date de notre mariage. Je la conduis moi-même, dans ma voiture, au cimetière des animaux admirablement bien tenu par ma fidèle amie Louise Lalonde. Contrairement à son premier départ, je ne ressens pas de panique. J'accompagne Soleil, ou plutôt sa dépouille, en ce lieu de repos, sachant toutefois que son âme vit toujours à mes côtés et qu'elle peut revenir. Cette conviction me rassure et m'empêche de sombrer dans une douleur destructrice.

- **Le second retour de ma chienne est encore tout frais dans ma mémoire.**

Après le décès de Soleil d'amour, je me promène sur Internet et je trouve le chenil Pijo, situé à Saint-Constant, près de Montréal. Je m'y rends et je rencontre Sexie, une magnifique golden retriever. Je ressens très vite qu'elle sera la future maman de ma chienne. J'apprends que Sexie doit avoir ses chaleurs en septembre et qu'elle sera alors accouplée. Une grande joie m'envahit à l'idée de retrouver « mon bébé » assez rapidement. Cette fois, aucun doute ne m'habite.

On m'informe ensuite que Sexie n'a pas eu ses chaleurs comme prévu et que l'accouplement n'a donc pas eu lieu. Le temps passe. En janvier 2004, j'écris à Amelia Kinkade, une communicatrice animalière de renommée internationale, pour lui demander si elle partage ma conviction au sujet de la réincarnation des âmes animales. Je découvre le merveilleux site Internet de cette dame, sans réaliser qu'elle jouit d'une notoriété à l'échelle mondiale, qu'elle est conférencière et qu'elle donne rarement suite aux courriels du public. Je lui demande aussi si elle a déjà communiqué avec l'âme d'un animal décédé. Une chance incroyable m'arrive comme un cadeau du ciel : Amelia lit mon courriel et elle me répond positivement. Elle est convaincue du fait que l'âme animale peut effectivement se réincarner dans un nouveau corps et qu'elle peut revenir auprès de nous. Je lui transmets alors une photo de Soleil et elle m'écrit être entrée en communication avec l'âme de Soleil. Elle m'informe que l'âme de cette dernière sera de retour en avril ou en mai prochain. Elle précise un détail intéressant qui me fait sourire : elle dit que ma chienne jouit d'une volonté aussi forte que la mienne. Elle ajoute enfin que j'aurai à choisir parmi quatre chiots. La prédiction d'Amelia s'est totalement réalisée. En effet, le 27 mai 2005, Sexie donnait naissance à huit chiots, quatre mâles et quatre femelles. Elle avait donc raison sur toute la ligne.

La veille du jour fatidique où mon conjoint et moi devons nous rendre à Saint-Constant pour « choisir » notre bébé, je ne tiens pas en place. Comment vais-je reconnaître Soleil ? La première fois qu'elle s'est réincarnée, en 1995, après être partie en 1993, Fanny ne portait qu'un seul chiot dans son ventre et la jeune Agathe qui avait prié sa maman de téléphoner à la dame de Québec (moi !) m'avait facilité la vie. La lourde tâche de la retrouver parmi quatre femelles m'incombe maintenant et me paraît compliquée. Je connaissais mal le pouvoir de l'amour et de l'intuition !

Prête à tout pour « ne pas me tromper », j'apporte quatre jouets ayant appartenu à Soleil d'amour ainsi qu'une roche avec laquelle elle s'amusait et que j'avais conservée comme une relique. Je planifie de déposer les jouets et cette roche par terre puis d'observer comment les chiots réagiront. Je me dis intérieurement que le premier chien à se diriger vers la roche sera ma belle Soleil. Je cherche à me sécuriser par un signe tangible. J'ai déjà lu que c'est la façon pour les Tibétains de reconnaître le futur dalaï-lama.

Le matin du jour en question, je me rends à Laval en autobus pour y rejoindre mon mari. Durant le trajet de trois heures, je prie très fort en espérant être éclairée. Je tiens la roche dans mes mains pour lui donner mon odeur et mes vibrations. De Laval, nous partons pour Saint-Constant dans la voiture de mon conjoint. Mon cœur bat la chamade.

Nous voilà arrivés ! J'approche de la maison et du chenil. Pierre et sa compagne Jocelyne, les éleveurs, nous annoncent que deux autres femelles ont mis bas au cours de la même semaine et qu'au total se trouvent dix-neuf chiots dans l'enclos. Afin de ne pas les confondre, ils avaient été initialement laissés auprès de leur mère, mais depuis cinq jours, ils étaient tous réunis, car ils avaient reçu sous la peau une micropuce d'identification électronique. Ce système remplace efficacement les tatouages et permet un repérage en cas de fugue d'un animal.

Le ravissant spectacle de dix-neuf chiots entremêlés qui s'amusent l'air heureux m'enchante. Mon regard croise rapidement celui d'un chiot très pâle. Je ne sais pas s'il s'agit d'un mâle ou d'une femelle ni de laquelle des trois mamans il est issu : Sexie, Nala ou Mika ? L'espace d'un court instant, le temps s'arrête et cet échange visuel représente pour moi un réel moment d'éternité. Simultanément, je suis saisie d'une chair de poule de la tête au pied. Mon Dieu, comme ce chiot me fait de l'effet ! J'en parle immédiatement à mon conjoint qui, de son côté, converse gaiement avec l'éleveur. Je dis aussi ce que je ressens à Pierre et à Jocelyne qui sont très attentifs à mes propos. Sans perdre une minute, Jocelyne prend son appareil détecteur et l'approche de l'animal en question pour vérifier son sexe. Le premier test est passé : c'est une femelle qui porte le numéro 169 et, quelle joie, elle est née de Sexie. Je suis tellement surprise et heureuse que tout se déroule ainsi, tout simplement, comme si c'était écrit dans le grand livre de la vie que Soleil m'offrirait une manifestation tangible.

Malgré ce signe assez évident, mon mari tient à ce que Jocelyne retire les quatre femelles du groupe pour les amener sur l'herbe pour nous permettre de les observer et d'arrêter notre choix définitif. Il y en a deux très pâles, dont celle qui porte le 169, et deux au pelage blond doré. Les quatre commencent à gambader. L'une d'elles, plus indépendante et curieuse, me rappelle notre Soleil. Comme elle ressemble beaucoup à l'autre, aussi très pâle, je ne sais plus s'il s'agit de celle qui m'a donné la chair de poule. Jocelyne approche l'appareil et nous dit qu'elle porte le numéro 169. Je décide alors de sortir les jouets et la roche que nous plaçons bien en vue, mais avec une bonne distance entre eux.

Trois chiots se déplacent rapidement vers les jouets alors qu'une des chiennes pâles gambade et s'attarde à une branche trouvée par terre. Elle la grignote avec délice. Je revois ma Soleil dans cette attitude. Mon cœur bat à nouveau la chamade. Soudain, sans crier gare, elle se lève et se dirige tout droit vers la roche qu'elle lèche goulument avec sa langue. Nous ne savons pas de qui il s'agit. Jocelyne approche le détecteur, tout le monde retient son souffle avec le sentiment de vivre un événement spécial. Wow, c'est encore le numéro 169 ! Il ne m'en faut pas plus pour être assurée d'avoir retrouvé notre Soleil. À ce stade, je ne ressens pas une intensité de communication semblable à celle des semaines et des mois qui suivent ce grand jour. L'émotion, la joie et mon sens critique viennent troubler ma capacité d'entrer en contact avec mon bébé.

L'arrivée à la maison nous comble de signes évidents. Merlin le charmeur, le frère de Soleil que nous avons aussi adopté, nous permet de comparer. La différence pourrait être attribuable au fait que celle-ci est une femelle et Merlin, un mâle, mais mon conjoint et moi ne le croyons pas tant les comportements de Soleil démontrent sans équivoque que c'est la même âme animale revenue vers nous. Elle agit comme si elle connaissait les lieux. Quand je les conduis tous deux au lac, elle dévale la côte et se met à nager comme dans ses vies antérieures. Merlin vient au bord de l'eau et il commence à geindre, refusant de nous rejoindre au large. Je l'habitue doucement. Lorsque nous nous rendons pour la première fois chez la gardienne de Soleil, les trois enfants de cette dernière réunis dans la cour arrière appellent les toutous pour s'amuser avec eux. Soleil se tient bien droite à côté de la porte du jardin comme pour éviter que je ne l'abandonne à cet endroit. Tout le monde en est surpris et remarque : « Soleil semble avoir peur que tu la laisses ici comme si elle se souvenait... »

Lorsque je commence à marcher en forêt avec les chiots, Merlin me suit fidèlement dans les sentiers alors que Soleil se spécialise dans le hors-piste, utilisant des raccourcis qu'elle seule connaît. Elle nous rattrape toujours et je suis ébahie par son audace.

Il y a aussi sa façon d'interagir avec nous et avec les autres animaux, sa façon de nous regarder, sa façon de jouer avec la balle qu'elle rapporte juste assez pour nous empêcher de la prendre, sa légendaire hyperactivité qui la garde éveillée sans toutefois déranger, son indépendance malgré sa capacité d'amour.

J'ai donc la conviction que l'âme de Soleil est revenue et qu'elle jouit d'un corps en excellente santé. Nous espérons que Merlin et Soleil vivront encore de belles années à nos côtés. La vie de leur corps physique devra s'éteindre, mais je sais également que leur âme continuera son chemin de vie. Il y a maintenant en moi la conviction que la mort physique ne constitue que le passage d'une âme humaine ou animale à un autre plan de la création. Je sais aussi qu'une âme humaine ou animale a l'aptitude de se réincarner plus ou moins rapidement, selon ses besoins d'évolution et selon ses rapports d'amour avec les êtres restés sur terre.

Message d'espoir

Au moment où nous nous y attendons le moins, la vie nous réserve des surprises fabuleuses. En laissant notre esprit ouvert au changement et à la découverte, nous devenons un terrain fertile où l'intuition se manifeste de plus en plus clairement chaque jour.

Poupou, le chat d'Amélie sauvé par miracle

« Ce que vous faites au plus petit d'entre les miens, c'est à moi que vous le faites. »

Jésus de Nazareth (Matthieu 25,40)

Poupou, le chat d'Amélie

Poupou, le chat d'Amélie sauvé par miracle

Cette histoire s'est produite il y a sept années déjà. Je ne l'oublierai jamais. Je me rendais chez la vétérinaire avec mon vieux chat Chaton, l'aîné des félins qui commençait à éprouver des problèmes de santé. Je suis dans la salle d'attente où se trouve une très jeune femme, les yeux bouffis par les larmes. Je décide de lui parler. Elle m'informe qu'elle est obligée de faire euthanasier Poupou qui vient d'avoir un an et dont je vois le minois à travers les barreaux du transporteur. Il ressemble à s'y méprendre au mien, malgré la grande différence d'âge des deux matous.

Amélie me dit son nom et elle m'explique son problème. Poupou a avalé des glaçons artificiels dans l'arbre de Noël et il va très mal. Il ne mange pas depuis trois jours et nécessite une rapide intervention de la vétérinaire. Or, Amélie ne dispose pas de l'argent pour soigner son chat et il ne lui reste que cette solution de le faire euthanasier. Je suis bouleversée. J'apprends qu'Amélie travaille en usine au salaire minimum et qu'elle vit avec son compagnon, parti en voyage d'affaires pour trois ou quatre jours. Elle ne peut le joindre. Par ailleurs, sa famille vit à l'extérieur de Québec et ne peut lui apporter de l'aide.

Je décide de payer les coûts pour que le chat reçoive les soins dont il a besoin. Amélie hésite à accueillir mon offre n'étant pas en mesure de me rembourser. Elle ne se sent pas à l'aise avec celle-ci qui, pourtant, lui permettrait de sauver Poupou. Je parle brièvement à la vétérinaire responsable de la clinique qui acquiesce à l'entente. Ma proposition se veut claire : il ne s'agit pas d'un prêt, mais d'un don. À cette époque, je ne dispose pas d'un surplus, mais je me répète intérieurement que l'occasion de gagner de l'argent existe alors que faire euthanasier Poupou m'apparaît inacceptable. Les frais risquent de s'élever à plusieurs centaines de dollars si tout va bien, mais il est question d'une somme pouvant excéder mille dollars si une chirurgie s'avère nécessaire. Je donne mon consentement pour des examens de base et une semaine d'hospitalisation. Après trois jours, le miracle se produit : Poupou est sur pattes comme un neuf et il peut retourner avec sa maîtresse qui pleure de joie.

Huit jours passent. Je communique régulièrement avec Amélie pour prendre des nouvelles de Poupou. Elle ne cesse de me remercier et m'offre de la rencontrer à son lieu de travail. Je m'y rends et je constate qu'elle bosse effectivement en usine, qu'elle trime dur pour gagner sa croûte.

Amélie me cause alors une surprise incroyable : elle me remet une œuvre sur bois qu'elle a peinte dans ses temps libres. Installée sur un mur de mon bureau, celle-ci représente un châssis à travers lequel on découvre un bel oiseau rouge ainsi qu'un chat de dos qui regarde à l'extérieur ! Il est roux comme Poupou et Chaton. Un premier message se trouve en haut de l'image et un second, derrière le tableau. Tout est écrit de la main d'Amélie et se lit comme suit :

« Vous êtes tombée sur mon chemin comme un ange de Dieu pour me redonner espoir. Un seul mot me vient en bouche et y restera à jamais. *Merci* mille fois.

» Bonjour Michèle,

» Je voulais te dire un gros merci et j'ai pensé faire une peinture qui définirait bien notre rencontre. Un chat, pour le mien que tu as sauvé, et pour le tien, qui sera à jamais dans ton cœur. Un oiseau, pour ta grande générosité dont tu fais preuve jour après jour. Merci, merci et encore merci pour cette si petite vie qui m'est plus chère jour après jour. Tu m'as comprise en me voyant, me redonnant ainsi la joie de vivre, comme un ange mis sur ma route pour m'offrir une chance, comme un pardon. Du monde comme toi, il n'en reste pas beaucoup. Ce n'est pas chaque jour que l'on peut faire une rencontre aussi enrichissante. Je pourrais en écrire encore long, car tu m'as tellement donné. Je ne saurai jamais être assez reconnaissante. Merci du plus profond du cœur.

» Amélie XX et Poupou XX »

Les jours, les semaines et les mois passent. Amélie déménage pour suivre son compagnon. J'apprends alors qu'ils uniront leurs destinées avec l'intention de fonder une famille. Je me réjouis de ces heureuses nouvelles et je garde précieusement l'adresse de courriel de ma jeune amie. Je regarde souvent le tableau qu'elle m'a offert et celui-ci m'apporte toujours une grande joie.

À plus ou moins une année de l'événement, je me rends chez ma vétérinaire pour l'un de mes protégés. Avant que je ne sorte, la technicienne me remet une enveloppe qui contient un mot d'Amélie qui me remercie encore d'avoir sauvé la vie de Poupou ainsi que de l'argent en billets de banque : environ trois cent cinquante dollars payés pour les soins. Chère Amélie… Je lui avais pourtant dit qu'il s'agissait d'un don et non d'un prêt. Je suis émue par son geste et par sa délicatesse de cœur. Ce clin d'œil m'a rappelé cet événement heureux de la guérison de Poupou et des petites étincelles de bonheur dans les yeux de sa maîtresse.

L'histoire se termine avec une autre surprise. En août 2010, j'ai écrit un mot à Amélie pour prendre de ses nouvelles. Le temps passe et l'on perd de vue des gens chers à notre cœur. Elle me répond avec trois belles photos de Zack et Vince, ses deux magnifiques garçons de dix-neuf et de six mois, d'Anaïs, sa chienne de quatre ans, sans oublier l'attachant Poupou, qui a maintenant huit ans. J'étais aux anges. Amélie me donne la permission de vous raconter notre merveilleuse histoire qui reste gravée en moi comme un véritable trésor. Le tableau d'Amélie me rappelle toujours que la vie a ses bons moments.

Un mot pour elle

Merci, Amélie. Longue vie à ta belle petite famille et à tes protégés. J'espère que tu places maintenant les glaçons de Noël très haut dans l'arbre ou que tu les as simplement supprimés de tes décorations. N'empêche que sans cette histoire qui aurait pu mal tourner, je n'aurais jamais eu le privilège de te rencontrer.

Chaton, mon vieux chat revenu de façon originale

« On ne choisit jamais un chat :
c'est lui qui vous choisit. »

Philippe Ragueneau

« Il y a deux moyens d'oublier les tracas de la vie :
la musique et les chats. »

Dr Albert Schweitzer

Chaton, mon vieux chat revenu de façon originale

Au cours du printemps 2009, mon conjoint et moi avons encore eu le privilège de vivre cette expérience merveilleuse de retrouver un animal. Chaton, notre vieux chat de quinze ans qui nous avait quittés en janvier 2006, est réapparu en avril 2009 alors que nous n'attendions pas son retour. Cette surprise incroyable m'a comblée de joie. Le nouveau venu porte maintenant le nom de « Chaton-Prudent » et, comme Soleil, nous ressentons cette impression de continuité entre l'âme de notre vieux chat et celle de ce jeune chat arrivé chez nous comme un cheveu sur la soupe.

L'événement survient vers vingt et une heures, la veille d'une entrevue pour un emploi. Je suis concentrée sur ce rendez-vous de travail et je n'ai absolument pas la tête à un tel événement.

Lorsqu'il nous a quittés, Chaton avait presque seize ans. Je ne lui ai rien demandé. Je savais, par le phénomène du retour de notre chienne, qu'il pouvait revenir et qu'il pouvait aussi poursuivre sa route à l'endroit qui lui conviendrait, soit de rester dans l'autre monde ou même d'aller vers d'autres humains. Par contre, je lui ai dit qu'il serait toujours le bienvenu chez nous. Nous l'avons mis en terre près de la maison et j'ai imaginé que son âme préférerait séjourner pendant un certain temps dans l'au-delà au lieu de revenir sur terre.

Chaton-Prudent errait dans notre rue et nous l'avons adopté après avoir effectué des recherches pour trouver ses maîtres. Une voisine nous a avertis de sa présence devant chez elle. Elle croyait qu'il s'agissait de notre chat Youri, roux lui aussi, mais très différent par ses comportements. Lorsque nous l'avons recueilli, Chaton-Prudent avait environ un an d'après sa dentition, il n'était pas stérilisé et il était maigre comme un clou. On dirait bien qu'il a réussi à nous retrouver. Quand il est arrivé chez nous, il semblait nous reconnaître. Il s'est dirigé vers Merlin et Soleil dont il n'avait pas peur. Il a tout de suite sympathisé avec Filou et Youri, ce qui est rare pour des chats adultes; Chaton avait toutefois ce comportement amical. Je ne peux malheureusement pas comprendre comment ni pourquoi ces phénomènes se manifestent dans ma vie ou dans celle de ces nombreuses personnes qui me transmettent des courriels sur ma page Facebook ou dans ma boîte de courriel. Je ne peux que m'en réjouir et faire le vœu que tous puissent un jour vivre cette expérience heureuse.

Habituellement prudente à recueillir un animal dont je ne connais pas les antécédents ni l'état de santé, je l'ai spontanément fait entrer dans la maison. Je l'ai même autorisé à dormir près de moi. Il s'est blotti contre moi et ne bougeait pas d'un poil.

Un sentiment agréable m'habite alors, car je sens confusément qu'il ne m'est pas étranger. J'ai l'impression qu'il a retrouvé sa place. Au petit matin, il commence à miauler et je décide de le remettre dehors. À mon réveil, je le vois sur le bord extérieur d'une fenêtre et je le fais à nouveau entrer dans la maison, d'où il n'est jamais reparti, même si la chatière lui en donne l'occasion. Comme les autres, il se promène dans la nature, hiver comme été, mais il ne s'éloigne jamais très longtemps. J'obtiens rapidement un rendez-vous chez ma vétérinaire pour m'assurer qu'il est en bonne santé et je prends sa photo que je transmets à la Société protectrice des animaux (SPA). Tous les jours, pendant une semaine, je téléphone à la SPA où l'on me répond qu'il ne se trouve pas dans leur fichier de recherche. Pour sa part, la vétérinaire me dit qu'il est en parfaite santé : pas de puces ni de mites d'oreille, pas de sida félin ni de leucémie. Je suis soulagée, car il est déjà en étroit contact avec la meute.

Les quatre images jumelées des deux animaux ont été prises à dix-neuf ans d'intervalle. En regardant celles-ci, j'ai remarqué la ressemblance entre l'apparence et les postures des deux bêtes. En photographiant Chaton-Prudent sur le fauteuil rouge, je n'ai absolument pas eu conscience que je possédais de vieux clichés de Chaton très semblables aux plus récentes photos (celles sur le fauteuil vert). En examinant toutes les photos de mes autres chats, je n'en ai pas vu de pareilles. C'est quand même un amusant hasard.

Après plus de deux années, le comportement de Chaton-Prudent nous rappelle encore davantage notre vieux chat. Son attitude bienveillante envers tous les animaux, son calme olympien, sa forte constitution nous semblent aussi des indices qu'il pourrait très bien s'agir de la même âme. Étonnamment, nous n'attendions pas son retour. Un autre bienfait de la vie.

Message d'espoir

La vie ne nous apporte pas toujours instantanément ce que nous désirons. Par ailleurs, elle nous offre souvent des cadeaux imprévus, presque magiques.

Youri, Fanfan et Mozart… la vie comble les vides !

« Il suffit de prêter attention; les leçons viennent toujours quand vous êtes prêt, et si vous êtes attentif aux signes, vous apprendrez toujours tout ce qui est nécessaire pour l'étape suivante. »

Paulo Coelho

Youri, dont on espère le retour...

Youri, Fanfan et Mozart… la vie comble les vides !

Un chat miaule à l'extérieur. Je sors et je découvre un minou roux et blanc à l'air affamé. Je lui donne à manger et il ronronne de joie. Je ne peux le faire entrer dans la maison au risque de contaminer mes autres protégés si, par malheur, il souffre de puces ou de mites d'oreille. Comme solution, je communique avec la SPA. Avant leur arrivée, je le place dans un transporteur et il n'offre pas de résistance. Je ressens de la tristesse en m'inquiétant de ce qui l'attend. Une fois qu'il est recueilli, je suis soulagée pour quelques heures. Après tout, ce chat errant, maigre et mal en point devrait être plus heureux à la charge de la SPA.

Je téléphone le lendemain à la SPA pour demander des nouvelles du matou. L'employé de la SPA me dit qu'il n'est pas stérilisé et qu'il présente de problèmes de santé. Si personne ne le réclame, il sera euthanasié après deux jours. J'apprends que, selon sa dentition, il a environ deux ans.

Personne ne vient le chercher. Je décide donc d'aller le sortir de là pour lui éviter la mort. Je ressens de la culpabilité avec l'impression de l'avoir dirigé à l'abattoir. À ma grande surprise, je dois débourser une cinquantaine de dollars pour le récupérer. Je le conduis directement chez une vétérinaire qui offre des tarifs spéciaux de stérilisation de bêtes trouvées. Je lui laisse ce petit être malmené par la vie en lui suggérant non seulement de l'opérer, mais aussi de le laver et de le vermifuger. Tous les employés de la clinique estiment que ce chat est adorable et très doux. Un constat rapide démontre qu'il a été obligé de se battre pour survivre tellement son nez porte des marques. Au bout d'une semaine, c'est la fête. Je vais chercher celui que je veux adopter et ramener à la maison. Je dois lui donner un nom pour compléter son certificat de stérilisation et le sortir de l'hôpital. Youri me vient instantanément à l'esprit.

Afin de vérifier son état général de santé, je demande à ma vétérinaire habituelle de lui faire une prise de sang. Le diagnostic tombe comme une grosse pierre de tristesse. Youri souffre de sida félin, une maladie contagieuse et incurable. Avec le temps son système immunitaire déficient le condamne à une piètre qualité de vie. De plus, il lui sera interdit de vivre à l'extérieur et de côtoyer mes animaux en raison d'un risque élevé de propagation du problème. Je dois rapidement décider de son sort.

Je téléphone à mon mari et je lui dis de ne pas m'attendre pour le repas du soir. Je veux rester avec Youri avant de le faire endormir. Je désire lui offrir la tendresse et l'amour qu'il n'a probablement jamais reçus.

Acquiesçant à ma demande, ma vétérinaire m'apporte une litière, un bol d'eau fraîche et la meilleure nourriture en conserve en vente à la clinique. Je la prie aussi de mettre à ma disposition une pièce pour partager un moment avec Youri, au moins une heure de bon temps. Elle comprend ce que je vis et n'hésite pas à donner suite à ma requête. Le chat mange et boit. Il est heureux. Puis, il se blottit dans mes bras et ronronne très fort. C'est tellement difficile pour moi de le faire endormir. Je souffre comme si je le connaissais depuis dix ans. J'ai mal, mais je suis persuadée que je n'agirais pas en personne responsable si je le laissais vivre dans cette enveloppe physique malade. Je lui parle doucement pour lui expliquer la situation. Familière au phénomène de la réincarnation, je l'invite à revenir chez nous, dans un autre corps, si l'occasion se présente. J'aime Youri inconditionnellement et je n'ai aucun doute qu'il le perçoit. Après cette précieuse heure avec lui, je me sens prête. La vétérinaire lui administre une sédation et elle procède ensuite à l'injection pour l'euthanasie. De retour à la maison, j'ai le cœur triste, mais la conscience en paix. Je fais le vœu que Youri revienne un jour vers nous.

En novembre 2004, un petit chat roux né le 20 septembre cherche une famille. Une amie qui travaille pour l'organisation Adoption chats sans abri (ACSA) a plusieurs protégés à placer. Je craque immédiatement pour cet animal de deux mois que je prénomme « Youri », espérant de tout cœur que l'âme de mon premier félin de ce nom soit de retour au bercail. Mon intuition me conduit sans effort à cette pensée et je la respecte. Youri fait montre d'une grande douceur. Contrairement à nos deux autres matous, il ne tente pas de sortir. Il frôle les coins de murs et tous les meubles, comme s'il voulait s'assurer d'un territoire bien à lui, d'un lieu sécuritaire et de l'affection. À huit mois, il n'a pas utilisé la chatière et semble heureux de profiter du confort de notre foyer. Une nouvelle impression m'habite : Youri est effectivement la même âme qui aime vivre à l'intérieur, ayant traversé deux années difficiles au cours de sa précédente incarnation. Les chiens l'adorent aussi. Il marche sous eux avec grâce, sur la pointe des pieds. Après un certain temps, je suis convaincue d'avoir retrouvé en notre Youri, cet être démuni et malade euthanasié l'année passée. Je remercie alors la vie de m'avoir offert ce cadeau inestimable.

Mon amie d'ACSA me téléphone à la fin de mai 2005. Elle a encore des bêtes à placer. Je vais chez elle et je reviens à la maison avec un minet de deux mois, tout gris, qui ressemble à une boule d'énergie. Nous décidons de l'appeler « Fanfan ». Remarquable observateur, il détecte rapidement la chatière par laquelle les plus vieux entrent et sortent à leur guise. Il essaie de pousser la porte avec sa minuscule patte, mais il est trop faible pour réussir. Ne se décourageant pas, il recule, s'élance la tête la première sur le battant et se rend à l'extérieur sans difficulté. Un si petit être tout seul dans la rue me fait craindre le pire. Comment retrouvera-t-il son chemin ? Pourrait-il être capturé par une personne bien intentionnée qui le tiendrait pour égaré ? Fanfan me fait vivre de longues nuits blanches, mais il regagne fidèlement le bercail. Ouf ! quels souvenirs que ces premières semaines avec notre chaton explorateur qui enseigne à son grand frère Youri le truc pour mettre le nez dehors ! Ce dernier le suit, mais il revient toujours rapidement à la maison, comme s'il flairait le danger.

Youri prend confiance lentement, mais sûrement. Il sort plus souvent et prolonge ses activités extérieures. De temps à autre, il reste au moins une heure, puis il retourne à ses endroits de prédilection, dans la chaleur du foyer : un fauteuil dans la salle de télévision, une boîte en bois sous ma table de travail ou l'oreiller de mon lit à gauche du mien. Son caractère doux et réservé nous porte à le protéger. Son miaulement à peine audible, il ne déplace pas beaucoup d'air. En 2006, Youri réagit vivement au décès de notre aîné de quinze ans. Il présente des symptômes de blocages urinaires. Des échographies ne révèlent rien de grave. La thérapeute diagnostique un problème affectif, car Chaton l'a toujours materné.

Et la vie passe… et nous aimons Youri. Je prends beaucoup de photos de lui et j'admire sa grâce inouïe.

Au petit matin du 4 septembre 2008, Fanfan est étendu près de notre chienne Soleil. Visiblement blessé et à bout de force, il miaule faiblement. Je m'habille et je me rends à toute vitesse à l'hôpital le plus rapproché de ma résidence. À l'arrivée, on lui administre une injection contre la douleur et la vétérinaire lui fait subir plusieurs examens. Elle m'informe plus tard de la triste nouvelle : les lésions sont trop importantes pour être soignées, elle suggère d'euthanasier l'animal. Mon Fanfan, mon petit bébé plein d'énergie, a été heurté par une automobile, selon les séquelles observées.

Aucune solution possible. La décision s'impose d'elle-même.

Je reviens donc avec sa dépouille que nous enterrons près de notre beau Chaton, parti deux ans auparavant. Je prends conscience de l'instabilité de la vie physique tout en m'accrochant à cette conviction de la survie de l'âme. Cela représente une mince consolation au moment de la perte, mais elle permet de donner un sens à toute cette souffrance. Youri réagit aussi fortement à l'absence de son cadet pas toujours de tout repos, mais avec lequel il avait appris à faire bon ménage.

Youri devient le bébé de la tribu pour un temps. Il adore se coucher à ma gauche et il profite de sa place de choix dans la hiérarchie familiale. Peinée par la disparition de Fanfan, je me propose de ne pas adopter d'autres animaux. Avec deux chiens et deux chats, les factures grimpent rapidement. Résolue à m'en tenir à ce plan, la vie me réserve une surprise de taille, cette fois très positive.

En avril 2009, alors que je me prépare pour une entrevue pour un nouvel emploi, surgit de nulle part un matou errant dans notre rue. Une voisine vient sonner à notre porte. Un chat roux qu'elle croit le nôtre miaule dans son entrée. Ne voyant pas Youri, mon mari décide de se rendre immédiatement chez elle pour vérifier s'il s'agit de lui et s'il a besoin d'aide. Il découvre un jeune minet très maigre qui se laisse caresser. Après avoir constaté que l'animal n'est pas à nous, il revient à la maison suivi de très près par la bête qui est visiblement seule et se trouve mal en point. Mon mari m'invite à la rencontrer et je cède à sa demande à contrecœur. En posant mon regard sur ce petit chat roux tout chétif, j'ai un élan instantané vers lui. Il est tellement osseux que je ne peux l'abandonner à son triste sort sans lui offrir de la nourriture. Il entre chez nous comme s'il reconnaissait l'endroit. Les chiens ne l'effraient pas et il mange tout ce que je lui donne. Il boit abondamment et il se blottit contre moi avec la ferme intention d'y rester. Je ne sais pas comment agir. Je n'ai pas le goût de revivre l'histoire avec la SPA, mais je ne veux pas garder un animal qui appartiendrait à une autre personne. Je transmets donc sa photo à la SPA où je téléphone pour vérifier si celui-ci est réclamé ou pas. Après sept jours consécutifs, l'employée de la SPA me conseille d'adopter ce chat non stérilisé qui, de toute évidence, n'a pas reçu de bons soins. Selon elle, il a été abandonné ou il est né à l'extérieur. Ma vétérinaire prend contact avec ce nouveau venu dans la famille avec un grand sourire. Les tests ne révèlent aucun problème de santé. En peu de temps, il prend des forces et des formes.

Maintenant tout rondelet, il ressemble au célèbre Garfield des bandes dessinées. Dès les premiers jours, comme je l'écrivais dans le précédent chapitre, mon mari et moi pensons que l'âme de Chaton est revenue. Son comportement, tant avec nous qu'avec les bêtes, nous permet d'arriver à cette conclusion. Nous n'avions rien demandé, rien espéré. J'ai même soufflé à l'oreille du vieux Chaton, lors de son décès, qu'il pouvait décider de reposer en paix, qu'il n'était pas obligé de réapparaître dans ma vie. Les deux dernières années avaient été difficiles en raison d'une hyperthyroïdie nécessitant une prise de médication deux fois par jour, problème auquel s'ajoutait de la constipation chronique. Je l'avais vu dépérir petit à petit, ne pouvant me résoudre à le quitter. Il fut mon fidèle compagnon pendant quinze ans, celui à qui j'avais confié toutes mes joies et toutes mes peines, celui qui avait été le fil conducteur de ma trame affective durant toute cette période. Je me sentais égoïste de prolonger sa vie pour mon propre bonheur. Après avoir décidé de le laisser partir dans la quiétude, je lui ai offert de choisir sa future existence : incarné ici sur terre, ou ailleurs dans un au-delà où j'étais certaine de le rencontrer à nouveau un jour. Je n'ai donc pas insisté pour qu'il revienne comme l'a fait Soleil. Cet amour est de retour vers moi et je lui en suis très reconnaissante.

Le décès de Fanfan encore très vif dans ma mémoire me rendait particulièrement sensible. Mon mari et moi, d'un commun accord, avons nommé notre protégé « Chaton-Prudent » avec cette idée que l'âme de Chaton nous avait retrouvés et qu'elle agirait avec prudence dans ce nouveau corps jeune et en santé. Chaton-Prudent avait alors un an.

Pour Youri, âgé de quatre ans et maintenant habitué à une extrême tranquillité, l'adaptation n'est pas facile. Chaton-Prudent, malgré sa gentillesse, a beaucoup d'énergie et de caractère. Il chasse Youri de mon lit, l'invite à se tirailler à la dure, lui vole sa place ici et là dans la maison. En bon joueur, Youri laisse le petit dernier bousculer sa quiétude. En peu de temps, ils sont les meilleurs copains de la terre et partagent souvent leur sommeil, blottis l'un contre l'autre comme deux frères siamois. Cette vision idyllique me réconcilie avec la perte subite de Fanfan. Quant à notre vieux Chaton, son départ n'est plus qu'un souvenir. Comme avec Soleil, j'ai l'intuition de l'avoir retrouvé. Cette sensation inexplicable ne peut être décrite avec précision. Elle relève du vécu et elle ne peut devenir une conviction qu'avec cette expérience concrète.

Le 3 avril 2010, c'est le choc. Je m'éveille en sursaut, le samedi de Pâques, avec un terrible pressentiment qu'il est arrivé quelque chose à Youri. Je regarde partout, mais je ne le trouve pas. Je demande à mon mari où est Youri, mais il n'a pas vu celui-ci depuis la veille. Les jours et les semaines passent, mais il n'est pas de retour.

Nous faisons imprimer une cinquantaine de photos de lui en grand format. Plusieurs images sont plastifiées. Elles sont distribuées aux quatre coins de notre faubourg sur les poteaux de ville, dans les cliniques vétérinaires et les animaleries, à la SPA et à l'ACSA. Nous recevons quelques appels et, chaque fois, nous nous précipitons avec le transporteur dans l'espoir de retrouver Youri sain et sauf. Chaque visite est décevante. Notre Youri n'y est pas.

Trois semaines après sa mystérieuse disparition, une femme de Limoilou habitant à quelque quatre kilomètres de notre résidence me téléphone pour me dire qu'elle pense avoir aperçu Youri dans les ruelles de son quartier. Elle l'a reconnu par une photo laissée chez sa vétérinaire. Accompagnée de mon mari, je me rends quatre fois aux environs, mais nous ne trouvons pas notre bébé. Un vendredi matin, je décide d'y retourner encore et j'y vois, recroquevillé dans une vieille voiture mise au rancart, un chat presque identique à Youri. Il est lourdement blessé à un œil et il est très maigre. Une dame sort de sa maison pour me demander ce que je cherche. Avec la photo de Youri en main, je lui explique ma présence. Elle me dit que cet animal est sûrement abandonné. Depuis l'hiver, il erre dans le quartier et il se fait régulièrement battre par des semblables plus costauds. Elle ne peut l'adopter et elle n'a pas les moyens de le soigner.

Avec sa bénédiction, je le place dans mon transporteur et je le conduis chez ma vétérinaire. Une prise de sang est faite rapidement pour éliminer toutes maladies graves. Il n'est pas porteur de sida ni de leucémie féline. C'est une bonne nouvelle. Il n'a pas de puces ni de mites d'oreille. Son œil droit complètement fermé ne peut être examiné. Il souffre d'une grosse infection et la région oculaire est très enflée. La vétérinaire prescrit un médicament antibiotique et elle recommande de le garder à l'intérieur tant que son œil ne sera pas rétabli.

Nous soignons le chat trouvé à Limoilou et nous décidons de l'adopter. « Mozart » sera son nom, car sa douce présence me fait l'effet d'une thérapie comme l'a toujours été pour moi la musique de ce compositeur.

Mozart se laisse traiter, mais il a une peur évidente de mes deux chats. Chaton-Prudent tente de le séduire, mais il se cache résolument sous les draps de mon lit pour n'avoir aucun contact avec ses semblables. Trois semaines passent et l'œil de Mozart guérit. Un dimanche soir, je lui permets d'aller à l'extérieur pour qu'il sente à nouveau sa liberté. Mon mari est sûr qu'il reviendra à la maison après sa promenade dehors.

La crainte de le perdre m'envahit. Plus de trois heures après son départ, il n'est pas là. Je prie alors Chaton-Prudent de chercher Mozart sans grande confiance puisque Youri demeure introuvable malgré mes supplications et mes suggestions aux deux autres félins de le ramener au bercail. Chaton-Prudent traverse sa chatière après ma requête comme s'il avait bien compris ce que je lui proposais. Quinze minutes plus tard, à ma déception, il est de retour, mais il est seul. Où ai-je la tête ? Le petit dernier ne sait pas comment utiliser la chatière. J'ouvre la porte. Oh ! bonheur, je vois Mozart près de l'entrée. Je respire de soulagement. Le manque de Youri se fait encore sentir, mais la joie d'avoir recueilli Mozart et de constater chaque jour à quel point il est heureux et intégré à notre famille me console à chaque instant. Serait-ce une épreuve de la vie pour tester si l'amour inconditionnel fait réellement partie de mes valeurs authentiques ? C'est bien possible !

Des faits étonnants se sont greffés à cette présence dans notre intimité. Mozart ressemble beaucoup à Youri, d'où la méprise de cette dame de Limoilou. Depuis son arrivée, il choisit les endroits préférés de Youri pour se reposer. Comme si une main invisible le guidait vers ces places. La boîte en bois sous mon bureau n'a, à ce jour, été habitée que par deux animaux : Youri et Mozart. Les deux ont toujours opté pour dormir à ma tête, alors que tous mes autres chats font dodo à mes côtés ou au pied du lit. Je dis souvent à Mozart que j'aimerais lui présenter son frère jumeau dont je rêve du retour malgré le temps écoulé. On ne sait jamais ce que la vie nous réserve. Quand Mozart est entré ici avec un œil blessé qu'il ne pouvait pas ouvrir, il était très stressé. Il craignait nos deux félins. Trois semaines d'antibiotiques ont finalement guéri l'infection, mais cela a nécessité plusieurs mois avant que l'œil ne reprenne sa taille normale. Je devais lui faire des massages régulièrement sous cet œil. Il acceptait mes soins comme s'il comprenait que je lui voulais du bien. Aujourd'hui, avec l'œil complètement rétabli, il est détendu et heureux. Copain avec Chaton-Prudent, ils s'amusent ensemble comme larrons en foire. Il ressemble à Youri physiquement, mais il a un tempérament très différent.

Nous l'avons adopté et Chaton-Prudent l'a apprivoisé en faisant le clown. Un tableau édifiant que les animaux sont capables de nous offrir.

La perte d'un être cher engendre une grande souffrance. Lorsque celle-ci résulte d'une disparition non résolue, la douleur est encore plus vive, car l'inquiétude et l'attente s'ajoutent aux émotions de tristesse et d'impuissance. La venue de Mozart a comblé un certain vide laissé par le décès de Fanfan et le mystère du départ de Youri. Cela m'a permis de comprendre que, lorsqu'un enfant est victime d'enlèvement ou qu'il se suicide, le parent doit donner une signification à cette tragique épreuve. Plusieurs décident avec courage d'investir des efforts pour éviter que pareil malheur ne se produise ailleurs ou pour aider d'autres personnes à traverser ce drame avec sérénité.

Message d'espoir

L'être humain a le pouvoir de transcender la souffrance physique et mentale. En observant notre existence et les difficultés qui l'ont jalonnée, on réalise que le temps finit par adoucir la peine et que la vie place sur notre route des signes pour faciliter notre guérison. Apprendre à lire ces manifestations, c'est deviner que chaque chose a un sens… qu'il nous appartient de découvrir.

Mozart trouvé à Limoilou

Son oeil droit est blessé

Mozart aujourd’hui

Calme, détendu, heureux

Filou et Fanfan, le prix de la liberté

« Il suffit de croiser son regard avec celui d'un chat pour mesurer la profondeur des énigmes que chaque paillette de ses yeux pose aux braves humains que nous sommes. »

Jacques Laurent

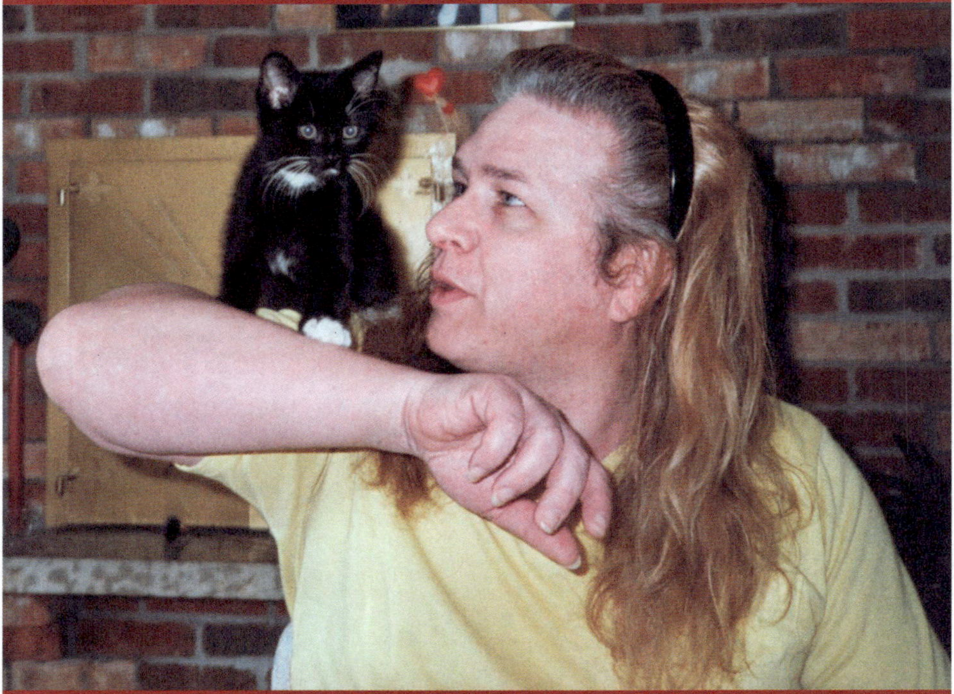

Filou et Fanfan, le prix de la liberté

Filou est né à Lac-Beauport le 17 mars 2002. Sa maman se la coulait douce chez Isabelle, alors que son papa errant exerçait son autorité sur tous les matous du quartier. Son tempérament dominateur ne surprend donc personne. Il est noir et blanc comme le célèbre Félix.

Son arrivée chez nous résulte d'une sympathie instantanée entre lui et mon conjoint. Informés par une amie que dame Isabelle donnait des chatons, nous décidons de jeter un coup d'œil à cette portée. Dès que mon mari voit le minuscule chat dans le salon, il s'étend par terre pour se trouver à son niveau. En moins de trois secondes, le minet se blottit dans son cou et il ronronne comme un moteur. Je ne peux résister à cette image et je reviens à la maison avec un nouveau protégé.

Le nom « Filou » me vient spontanément tant il a l'air espiègle. La rencontre avec les autres quadrupèdes se passe sans problème, mais nous constatons rapidement que le nouveau venu préfère la présence des chiens à celle des félins. Selon les heures, il est en quelque sorte un « chat-chien ».

La première fugue de Filou m'a vraiment donné la frousse. Absent depuis quatre jours, je le cherchais partout. Armée d'une grande photo et de patience, je décide de sillonner les rues environnantes. Je fais la connaissance de voisins amoureux des animaux qui notent mon numéro de téléphone au cas où le fugueur ferait irruption chez eux. Cela me rassure. Nous le retrouvons enfin dans la balançoire du jardin d'Andrée, une charmante dame qui vit à quelques maisons de notre demeure. C'est le soulagement et la clé du mystère. Imaginant qu'il errait, elle avait commencé à le caresser et à le nourrir. J'ai alors compris pourquoi il vomissait souvent au cours des derniers mois. N'étant pas habitué à la moulée offerte par Andrée, ou se gavant trop, son estomac réagissait. Il se promenait donc régulièrement entre nos deux résidences. Après avoir discuté avec elle, celle-ci a cessé de lui donner à manger. Je n'ai jamais fait porter de collier à mes chats de peur qu'ils ne se pendent à un arbre. Mon vétérinaire m'avait mise en garde à ce sujet. J'ai toujours compté sur la Providence et la chance pour qu'ils reviennent sains et saufs. Je n'avais pas imaginé qu'ils pourraient élire domicile ailleurs. Mes années de vie à la campagne m'ont souvent permis de voir des matous vagabonder d'un endroit à un autre sans pour autant en oublier leurs maîtres.

Une dizaine de nouvelles fugues de notre beau Filou n'ont heureusement pas été aussi longues. Deux ou trois jours au total. J'ai quand même choisi d'alerter la SPA chaque fois en transmettant un avis de recherche avec sa photo. La SPA invite les propriétaires de bêtes disparues à ne pas attendre pour les informer si un protégé manque à l'appel. Ils ont comme mission de nous aider à les retrouver et ils ne se plaignent jamais de recevoir trop de demandes. Depuis quelques années, il ressemble à un « pépère » qui sort peu. L'âge a probablement calmé ses goûts pour l'exploration.

L'éloignement de Youri n'a jamais été élucidé en dépit de tous nos efforts pour le ramener au bercail. Nous ne savons pas s'il vit toujours. Malgré le temps écoulé, nous gardons espoir. Le 3 avril 2011 marque une année complète de son départ.

Quant à notre Fanfan, il est décédé à trois ans après avoir été heurté par une voiture. Ce fut un moment douloureux et cruel, mais je conserve de précieux souvenirs de ce magnifique matou gris qui jouait dans le trèfle et qui raffolait de grimper au sommet des arbres.

Ces expériences parfois difficiles me conduisent à une réflexion sur l'attitude à prendre lorsque l'on vit avec un ou plusieurs chats. Certains préfèrent enfermer leur animal, lui interdisant toute sortie. D'autres le mettent en laisse pour ne pas le perdre. Des lectures et des conversations avec plusieurs vétérinaires ainsi que ma propre observation des chats m'ont persuadée que ces quadrupèdes sont bâtis pour vivre dehors, tout en jouissant du confort et de la sécurité d'un bon foyer. Les félins adorent se hisser à la cime des feuillus, se rouler dans l'herbe et découvrir la vie sous toutes ses formes. Excellents chasseurs de vermine, ils nous évitent souvent des problèmes de surpopulation de rongeurs.

Cette approche ne recueille certes pas l'unanimité. De nombreux arguments sont avancés par les tenants de la séquestration permanente. L'interrogation que je me pose est simple : si j'étais un chat, est-ce que je préférerais rester toute la journée à l'intérieur ou aller m'amuser à l'extérieur et revenir faire dodo à la chaleur de ma maison d'accueil ? Je choisis sans hésitation la seconde option. En plus de trente ans, j'ai perdu un chat et un seul autre fut heurté par une automobile.

Par ailleurs, tous mes félins ont joui d'une grande liberté et ils ont connu le plaisir d'évoluer près de la nature. J'en fais une question de principe. C'est le prix à payer pour offrir à un animal la chance d'être plus épanoui et plus développé. Des parents ne peuvent éduquer leur enfant en le séquestrant. On peut voir les choses sensiblement de la même façon pour les chats.

Laisser ses bêtes vivre une partie de leur temps à l'extérieur exige toutefois des précautions. Je prêche pour la vaccination, les traitements contre les vers et les puces ainsi que pour la stérilisation. Ces comportements demeurent essentiels à la protection de l'animal et ils empêchent des reproductions non désirées. Un chat libre d'aller et venir ne sera pas frustré et il n'aura pas tendance à fuir. Il pourra évoluer et dépenser son énergie dehors. Il n'abîmera rien dans la maison. Je m'oppose totalement à l'ablation des griffes. Je considère cette pratique cruelle, totalement inutile. Elle est d'ailleurs interdite dans certains pays. Enlever les griffes d'un animal, c'est le priver de toutes ses défenses et de la possibilité de se gratter quand il ressent une démangeaison. C'est comme si l'on vous arrachait tous les ongles. Pour éviter les accrochages entre eux, je taille régulièrement les griffes de mes chats, qui n'ont jamais brisé mes meubles en cuir. Pas même une égratignure. Par ailleurs, lorsqu'ils décident de « faire leurs pattes » sur moi ou de jouer dans mes cheveux, ça ne me pique pas.

Filou continue de se blottir près de Merlin et de Soleil. Il fait parfois une « terreur passive » à Mozart et à Chaton-Prudent, l'équipe des rouquins. Youri a sa place dans mon cœur et je serais tellement heureuse de le retrouver pour lui présenter son jumeau. Fanfan dort en paix, mais il reviendra peut-être un jour nous faire la surprise de son retour.

Message d'espoir

La vie humaine et animale comporte des risques. En voulant tout éviter aux enfants, comme aux bêtes, on les prive de bonheur. Je fais le pari de laisser les chats vivre en toute liberté, misant sur la bonne volonté de mon entourage ainsi que sur la discrétion légendaire des félins.

Les animaux et les personnes âgées

« Et l'on voit de la flamme aux yeux
des jeunes gens, mais dans l'œil du vieillard,
on voit de la lumière. »

Victor Hugo

Les animaux et les personnes âgées

Avec le progrès de la médecine, les gens vivent plus longtemps et en bonne santé. Des programmes sont instaurés pour assurer aux personnes âgées une meilleure qualité de vie.

De quoi nos aînés ont-ils besoin ? Parfois seuls après le départ des enfants de la maison familiale ou placés en résidence, ils cherchent un sens à leur existence. Un sentiment d'utilité leur manque. N'ayant plus de contraintes professionnelles, ils perdent souvent l'habitude de se fixer un horaire pour les repas, l'habileté d'organiser leurs activités et même le goût de vivre.

Inversement, les personnes âgées qui se sentent productives et qui s'occupent régulièrement évitent la dépression et retardent l'apparition de certains problèmes de santé physique.

En partageant leur quotidien avec un animal, les gens qui habitent seuls peuvent parler, bouger en caressant leur protégé, en le promenant et en le toilettant. Ils lui donnent à manger et à boire à des heures fixes. Ils s'amusent à observer ses finesses et à en faire part à leurs amis ou leurs enfants. Passer du temps avec un chat, un chien ou tout autre animal de compagnie peut réduire la tension artérielle et diminuer l'anxiété. On voit souvent, dans des salles d'attente de dentistes, des aquariums ou même des cages avec des oiseaux. Leur simple présence réussit à calmer et à détourner l'attention de la peur des traitements.

Chez certains individus, le contact avec l'animal procure un sentiment de sécurité à la maison ou à l'extérieur en se promenant. Un chien aboie généralement quand une personne arrive. Cela évite la surprise. Certaines bêtes avertissent leur maître lorsqu'elles sentent un problème quelconque. Ma golden retriever Soleil m'a déjà réveillée en pleine nuit, car il y avait un feu dans un contenant de cendres que mon conjoint avait placé dans une serre adjacente au salon. Elle avait flairé le danger. Elle a réagi avant le détecteur de fumée : faut le faire !

Choisir un animal de compagnie doit tenir compte des contraintes et des limites du maître. Il y va de la santé de l'un et de l'autre. Cette sélection de la race et de la taille m'apparaît importante. On ne conseille pas d'offrir une bête en cadeau sans l'accord du futur parent humain ou d'en adopter une sur un « coup de cœur » sans avoir pris toutes les informations sur son mode de vie.

Certaines résidences pour aînés accueillent des chiens adultes qui ne peuvent plus servir à la reproduction ou qui ne peuvent plus travailler avec des personnes handicapées. Des observateurs ont constaté que les habitants de ces foyers se sentaient plus heureux depuis qu'ils avaient la chance de flatter un bon gros toutou ou un chat affectueux. Très calmes, ces bêtes demandent uniquement à la vie d'être aimées et bien traitées. Des personnes refermées sur elles-mêmes ont parfois retrouvé le sourire et sont devenues plus sociables avec la présence d'animaux dans leur environnement.

Depuis quelques décennies, des programmes de zoothérapie ont été mis en place pour aider les malades à améliorer leur état de santé physique et mentale. Des gens souffrant de troubles physiques, cognitifs, psychologiques ou sociaux ont été soignés avec succès avec cette approche. Avec l'aide d'un animal, le thérapeute travaille en collaboration avec d'autres professionnels de la santé. La majorité des individus sont spontanément attirés par les bêtes. Cette sympathie naturelle trouve sans doute son origine dans l'interaction qu'un être humain peut facilement établir avec celles-ci.

Constatant les résultats magnifiques de la zoothérapie et songeant à l'impact favorable qu'entraîne la présence d'un animal de compagnie auprès des personnes âgées, j'ai eu envie d'inventer le mot *zoogériatrie*. Pourquoi pas ?

Pour combattre le sentiment d'isolement, l'absence de contacts charnels dans sa vie affective et l'impression de ne pas se sentir important pour quelqu'un, rien de tel que de s'occuper d'un protégé. Nous ne pouvons comparer l'animal à l'enfant, mais nous pouvons facilement établir des parallèles entre nos attitudes envers eux.

La plupart des personnes qui vivent seules et qui prennent soin d'un chat, d'un chien, d'un oiseau ou d'un poisson rouge savent bien à quel point ces petits êtres nous comblent par leur présence attachante. Combien de fois suis-je revenue à la maison accablée par une journée de travail stressante ou attristée parce que j'aurais eu envie d'embrasser mon amoureux absent ou parce que j'aurais eu envie d'échanger quelques mots avec lui ? En entrant chez moi, plus possible de continuer à broyer du noir.

Soleil, ma chienne enjouée, m'attendait à la porte et me signifiait sa joie. Avant même que je n'enlève mon manteau, je voyais Chaton sauter sur le comptoir de la cuisine (chose maintenant défendue depuis que je vis en couple) et je l'entendais me saluer avec deux ou trois miaulements de bienvenue. Quant à mon autre chat, un peu plus discret, il se laissait toujours désirer, mais je savais pertinemment qu'il apparaîtrait au pied de mon lit à peine quelques minutes après que je m'y serais allongée. Il s'approcherait alors langoureusement de moi et me demanderait avec insistance sa part de câlins.

L'animal domestique représente l'incarnation parfaite de l'amour inconditionnel. Comment nous sentir seuls alors que ce dernier dépend entièrement de nous pour son entretien et sa survie ? Le plaisir de communiquer avec une bête ne se compare pas à celui d'échanger avec un être humain, mais il n'en demeure pas moins fascinant. Même des personnes au sein d'une famille très heureuse apprécient la présence d'animaux. Votre protégé ne se soucie pas de votre âge, de vos rides, de vos vêtements. Il ne porte aucun jugement sur vos petits travers. Il vous aime tel que vous êtes. N'est-ce pas formidable ?

Ayant vécu seule pendant quelques années, j'ai pris conscience de la possibilité de communiquer avec les bêtes. Celles-ci possèdent un langage différent du nôtre, mais il est bien réel. Mon Chaton, par exemple, était et est encore un verbomoteur insatiable. Il parle sans arrêt, non seulement quand il entre dans la maison, comme pour nous raconter sa journée, mais aussi lorsqu'il s'autorise des visites de courtoisie. Jennifer et Paul, mes anciens voisins, étaient toujours fascinés par son verbiage félin. Comme ils aimaient les animaux, ils l'encourageaient bien sûr dans cette voie de sociabilité.

Depuis quelques années, mon compagnon et moi vivons avec deux chiens et trois chats qui font bon ménage. La présence des bêtes permet souvent de retrouver une meilleure humeur lorsque nous vivons une discorde sur un sujet ou un autre. Nos cinq protégés nous empêchent aussi d'être moins centrés sur nos irritations.

Quand on s'occupe de plus petit que soi, on se sent responsable et on oublie ses problèmes.

La perte d'un animal de compagnie demeure néanmoins une expérience douloureuse à traverser, que l'on soit jeune ou plus âgé. Il est utile de se préparer psychologiquement à cet événement qui arrive toujours trop vite quand on connaît l'espérance de vie des bêtes. Ces deuils nous font toutefois prendre conscience de l'importance de bien profiter de chaque jour et de mordre à pleines dents dans ce que l'existence nous offre de beau et de bon.

Quand nous aimons les animaux, ceux-ci peuvent nous apporter tant de joie. Un couple âgé vivait à trois maisons de mon ancienne résidence. Il était sous le charme de mon vieux rouquin. Un jour, la dame m'apprit que celui-ci lui rendait régulièrement visite et qu'elle le berçait au moins vingt à trente minutes chaque jour. Comme celle-ci fumait la cigarette, j'ai compris pourquoi mon Chaton revenait parfois de ses tournées avec une odeur de tabac sur lui. Mon amie Yvonne disait à la blague qu'il fréquentait les boîtes de nuit. Le mystère a donc été élucidé.

Ma tante Gaby a eu la chance de demeurer chez elle jusqu'à 95 ans. Elle n'est entrée à l'hôpital qu'une seule journée avant de mourir des suites d'une pneumonie. Elle recevait de l'aide pour les courses, l'entretien de la maison et du terrain. Elle était insatiable en me parlant de sa chatte affectueuse. Elle me confiait à quel point cette présence tendre et câline lui apportait un réconfort. Ses enfants et ses petits-enfants vivaient tous très loin. Elle palliait cette distance par le téléphone et le courriel. Par ailleurs, le ronronnement de sa minette sur ses genoux, quand elle se berçait sur son balcon ou lorsqu'elle écoutait la télévision, représentait pour elle un véritable cadeau de la vie. Elle avait le sentiment que sa chatte l'adorait, et je suis certaine qu'elle avait raison. En apprenant le décès de tante Gaby par un courriel de ma cousine Lorraine, j'ai immédiatement pensé à sa protégée en me demandant qui l'adopterait. On m'a dit que son fils Martin prenait la relève. Et j'en suis heureuse.

Un animal peut aussi favoriser la communication entre les gens. Certaines personnes seules ont pris l'habitude de se rendre au jardin public pour la promenade quotidienne. Comme les jeunes mères qui se voient au parc et partagent leurs expériences, les propriétaires de chiens échangent tout naturellement entre eux. Les bêtes elles-mêmes font souvent les premiers pas de fraternisation et c'est aux maîtres de faire les suivants. Même si vous ne rencontrez pas l'âme sœur par l'intermédiaire de votre toutou, vous aurez certainement l'occasion de discuter avec beaucoup de gens qui voudront le flatter ou vous demander des conseils sur le comportement des animaux en général.

Il n'y a pas que les chiens et les chats pour ajouter à notre joie de vivre. On peut adopter des oiseaux. Non seulement très beaux, certains sont aussi capables de prononcer quelques mots. Je me souviens du superbe animal exotique de mon amie Francine. Dès qu'elle parlait au téléphone, il se mettait à dire son nom pour l'empêcher de parler à un autre que lui. On pouvait l'entendre crier le mot *Francine*, sans arrêt, en roulant les « r » de façon très évidente. Très possessif, on prétend que l'oiseau n'accepte pas facilement de partager son maître. Mieux vaut être conscient de ses caractéristiques lorsque l'on décide d'arrêter son choix sur une espèce.

Les expériences avec des animaux ne sont cependant pas toutes heureuses. Je pense, par exemple, à un reportage à la télévision sur cette pauvre dame qui a gardé un chimpanzé chez elle durant quatorze ans. Parce qu'elle vivait seule, un ami lui a offert un mignon bébé singe auquel elle n'a pas résisté. Elle s'est très vite attachée à celui-ci et l'a pratiquement élevé comme un enfant. Elle l'emmenait partout et lui avait montré les bonnes manières. Arrivé à quatorze ans, l'animal adolescent est devenu de plus en plus agressif. C'est un phénomène naturel chez le chimpanzé. Dans ces conditions, la femme ne pouvait plus le garder et elle le confia à un zoo. La séparation fut d'autant plus douloureuse qu'une bête, après avoir partagé des années avec un être humain, ne peut plus s'intégrer dans un groupe de ses semblables. Elle est donc condamnée, pour le restant de ses jours, à vivre seule en cage. En écoutant ce reportage, je me suis demandé pourquoi, dans des cas aussi pathétiques, on ne met tout simplement pas fin à la vie de cette bête, vouée à la souffrance perpétuelle.

Autour de nous, la vie animale se manifeste quotidiennement. Les oiseaux, les papillons, les libellules, les grenouilles, les lucioles, les coccinelles, les canards ou les écureuils se retrouvent partout et il ne tient qu'à nous de nous laisser charmer. Nous pouvons garder les protégés d'amis lorsqu'ils s'absentent, profitant ainsi de leur présence sans en porter toute la responsabilité. S'intéresser au comportement animalier en lisant sur le sujet ou en regardant des reportages permet aussi de se sentir encore plus vivant et moins seul. Le monde animal, du plus petit au plus majestueux spécimen, est tout simplement fascinant.

Nous pouvons tirer de belles leçons, apprendre à respecter toute forme de vie plutôt que de tout détruire. La bienveillance envers les animaux est un signe de compassion et d'évolution. En prenant la peine de mettre une araignée sur un bout de papier et de la sortir de la maison au lieu de l'écraser sans lui laisser une chance de survie, une personne augmente son niveau de conscience et réalise son privilège de participer à la création. De tels gestes de bonté et de communication avec le règne animal peuvent sembler anodins, mais ils entraînent très souvent une plus grande aptitude au bonheur.

Chaque être humain doit maintenir un minimum d'activités et un contact psychoaffectif pour garder la forme physique et mentale. En général, les gens préfèrent garder leur domicile. Des problèmes de santé obligent parfois les aînés à quitter la résidence familiale pour habiter dans une maison de retraite, un centre hospitalier de soins de longue durée ou tout autre établissement offrant l'hébergement ainsi que les services de repas, de soins infirmiers, d'assistance, d'aide domestique, de sécurité et de surveillance. Toute personne âgée devrait bénéficier d'avantages similaires, quel que soit son lieu de vie.

La présence d'un animal favorise la santé physique et mentale. Séparer les gens de leur compagnon constitue une cruelle expérience de dépossession, de dépouillement et de perte qui peut engendrer chez ceux-ci un déséquilibre psychoaffectif.

L'État a la responsabilité de s'assurer de la bonne santé physique et mentale de chaque citoyen. Ce serait intéressant que les élus votent une loi pour permettre la présence d'animaux de compagnie dans tout immeuble ou établissement accueillant des gens âgés, dans la mesure où ces bêtes ne créent pas une contrainte excessive pour le personnel et la quiétude des autres résidents. Ils pourraient aussi songer à autoriser les animaux dans les parcs publics, pour autant que les maîtres conservent le contrôle de ces derniers et que ceux-ci ne nuisent pas à la tranquillité de l'entourage. Nos dirigeants pourraient enfin prendre les mesures appropriées pour embaucher des intervenants qualifiés afin d'aider les individus en perte d'autonomie à garder près d'eux un animal, en accomplissant pour eux certaines tâches plus exigeantes.

Les administrateurs des cliniques vétérinaires pourraient, quant à eux, fixer des tarifs moins élevés pour les aînés disposant d'un revenu modique. Il est important que tous les protégés soient en santé, vaccinés, vermifugés et qu'ils fassent l'objet d'un suivi médical annuel.

Comme Tânia le désirait et comme Valérie Gosselin y œuvre par Amis-Maux, il m'apparaît utile de sensibiliser tous les citoyens et les médias aux bienfaits de la présence des animaux de compagnie dans la vie quotidienne des gens, jeunes ou vieux. Aujourd'hui, nous vivons tellement dans des bulles aseptisées que la quantité de personnes allergiques à presque tout ne cesse de croître. Comme le clamait une éminente spécialiste américaine dont j'ai oublié le nom et qui s'occupe activement des maladies auto-immunes ainsi que des phénomènes d'intolérance, « il faut que l'homme apprenne à se réconcilier avec la vie ». Elle ajoutait que les antibiotiques ne constituent pas une solution à long terme et que la nature doit reprendre ses droits.

Message d'espoir

« Regarder nos aînés, les comprendre, leur offrir avec sincérité de quoi les rendre heureux, c'est vaincre la peur du vieillissement et donner du bonheur. » Cette phrase du botaniste Jean-Luc Mercier recèle un profond message d'espoir. Elle nous invite à rétablir une communication intergénérationnelle de laquelle devrait naître une société plus saine et plus équilibrée. N'oublions pas que les jeunes d'aujourd'hui deviendront les vieillards de demain. La vie pourrait être douce et belle jusqu'à la fin.

QUATRIÈME PARTIE

L'âme de certains objets

« Objets inanimés, avez-vous donc une âme qui s'attache à notre âme et la force d'aimer ? »

Alphonse de Lamartine (écrivain français)

L'âme de certains objets

Le rapport entre humains et biens matériels varie d'une société à une autre. Ce lien semble plus complexe lorsque les gens sont trop riches ou qu'ils sont trop pauvres. Quand vous n'avez rien à vous mettre sous la dent ou pas de toit pour dormir, il est à prévoir que vous veillerez jalousement sur tout ce qui vous appartient.

Certains s'attachent démesurément aux choses par compulsion. D'autres amassent par envie, orgueil ou insécurité. Le culte des objets et de l'argent n'est pas évident. Lorsque l'on dit d'un individu qu'il est matérialiste, on entend immédiatement une connotation négative.

La culture judéo-chrétienne dans laquelle j'ai grandi montrait du doigt les personnes aisées et considérait l'ambition d'accumuler des produits de luxe comme une tentation à éviter. La charité au cœur des valeurs catholiques encourageait les gens à partager leur repas, mais n'incitait personne à manger du caviar. Vivre dans l'opulence était mal vu.

Les biens envahissent nos vies dès le jeune âge. On ne peut y échapper. Les enfants revendiquent aux parents des vêtements griffés, des articles de sport et des logiciels coûteux. Comment s'étonner que les adultes poursuivent leur route dans la même veine. Le mouvement de simplicité volontaire nous convie tous à alléger notre quotidien et à mieux utiliser les ressources de la planète. Avec cette approche, les relations humaines reprennent leur place légitime et certains éléments futiles sont troqués pour du temps de liberté.

Privilégier l'être plutôt que l'avoir me semble une juste philosophie qui permet notamment de s'éloigner de l'individualisme tout en respectant ses goûts et ses champs d'intérêt. Une sérieuse réflexion favorise l'identification des besoins réels en nous aidant à nous défaire de ce qui encombre notre existence.

En elles-mêmes, les choses ne sont pas mauvaises. Un jouet, un vêtement, une auto, un meuble, un bijou… il nous arrive de tenir à un objet comme à la prunelle de nos yeux tant il est chargé de souvenirs. Notre corps de chair incarne sa vie physique dans un contexte matériel, esthétique et pratique.

Certains biens nous fascinent par leur beauté. Des œuvres d'art, par exemple, peuvent être payées des millions de dollars. Celui qui débourse autant d'argent pour obtenir le tableau convoité fait-il ce geste pour satisfaire son ego ou pour contempler l'œuvre dans toute sa splendeur ?

Un rapide coup d'œil sur mon environnement m'interpelle. Quelques effets personnels m'ont touchée comme s'ils possédaient une emprise sur moi. Depuis plus de vingt ans, je conserve des roches ramassées sur les bords de mer, de lac ou de rivière. Dans une grande assiette de pierre polie, je les garde précieusement et je les amène avec moi à chaque déménagement. Chacune d'elle me plaît au fil des ans. Les vêtements se démodent, mes galets restent toujours beaux. On dirait même qu'ils gagnent en importance lorsque je m'accorde du temps pour les prendre dans mes mains et les regarder.

Pendant des années, mon piano a exercé sur moi un attrait irrésistible. Obligée de m'en défaire lors de ma séparation, je n'en ai jamais acheté un autre. Il me semble que ce vide devrait être un jour comblé dans ma vie. Pour redonner à mes doigts le plaisir du jeu et à mon cœur la magie des notes.

Je me souviens aussi de ma Renault 5 à toit ouvrant. J'ai eu tellement de joie à conduire cette première voiture entre Québec et Sorel, au son de mes cassettes de musique, la figure au vent. Une automobile représente un bien utilitaire qui devient un peu son deuxième chez-soi. Actuellement, je promène mes deux golden retrievers dans ma familiale. Suis-je attachée à cette confortable Mazda ? Sans doute moins qu'à mes deux chiens, mais sans cette fidèle amie, je ne pourrais jamais me rendre en forêt ou en montagne avec eux.

Il serait étonnant de dire que la matière inerte abrite une âme comme celle des humains et des animaux. Ce qui l'anime, c'est le regard que nous posons sur elle, les souvenirs qu'elle incarne dans notre esprit. Certains objets peuvent aussi provoquer une émotion à leur simple vue. Lorsque ma mère est décédée, j'ai retiré ses lunettes de son visage avant que la tombe ne soit refermée. Celles-ci m'ont accompagnée depuis ce jour de septembre 1995 et elles représentent pour moi un lien physique avec celle que j'aime toujours.

J'examine mon environnement et j'y remarque tellement de biens auxquels je tiens. Sachant pertinemment que je n'emporterai rien de ces derniers le jour de ma mort, je conserve pourtant beaucoup de choses uniquement pour la joie qu'elles me procurent et non pour leur utilité concrète. Des cadres, des bibelots, des chaussons de danse, certains bijoux, des livres d'art, des meubles et même des vêtements que je ne porte plus. Je pourrais sans doute écrire plusieurs histoires autour de certains objets qui tapissent ma vie quotidienne. J'en ai choisi quatre pour le plaisir de vous raconter ces anecdotes.

La poupée non désirée

« En tout domaine, le génie de l'enfance est
de découvrir l'essentiel sans connaître
le nom qu'il porte. »

Gilbert Cesbron

La poupée non désirée

À quoi rêve une fillette de six ou sept ans ? À l'époque, je désirais une poupée du catalogue de Noël d'Eaton. Mon souvenir précis de cet événement ne m'a jamais quittée. En cherchant sur le Web, je réussis à retrouver la page couverture du fameux catalogue et la page des jouets. Apercevant les mots *vente par correspondance* (*mail order*) sur cette couverture, je constate que mes parents auraient pu commander l'objet convoité par la poste et je souris. S'ils y avaient songé pour réaliser mon souhait, je ne vous raconterais pas cette histoire aujourd'hui.

Les Fêtes approchaient et j'attendais avec impatience la nuit du réveillon. Le repas identique d'une année à l'autre nous rendait heureux. Des tourtières, de la dinde farcie au pain, des canneberges, des pommes de terre pilées, des betteraves et des petits pois. Pour dessert, une immense bûche au chocolat et de la glace à la vanille. Nous rêvions aussi de nos présents en nous efforçant, particulièrement en décembre, d'être bien sages et obéissants. Au pensionnat, dès l'âge de cinq ans, il nous était difficile de déroger aux règles et de ne pas présenter de bons bulletins à nos parents.

Chaque fin de semaine nous offrait parcimonieusement quelques heures de répit en famille. Mes parents venaient me prendre à l'école vers onze heures le samedi matin pour m'y reconduire le lendemain vers dix-neuf heures. Mes frères et sœurs qui étudiaient à Montréal devaient s'y rendre par autobus. En rétrospective, je réalise que cela constituait une vie trop austère pour des enfants. À l'exception des vacances de Noël et de la période estivale, tous mes cours du primaire et du secondaire se passèrent donc en internat.

Notre accueillante résidence familiale, grande et confortable, aurait pu nous abriter à cœur d'année et nous éviter l'angoisse de la séparation, la sévérité des religieuses et des curés, les messes quotidiennes et les retenues pour mauvaise tenue. Oh ! je n'étais pas dissipée ou méchante, mais les fous rires avec mes amies, particulièrement à la chapelle et au réfectoire, m'ont valu plusieurs punitions. J'ai copié cent fois les mots *je dois garder le silence* à plusieurs reprises, mais cette approche ne m'a pas aidée à m'améliorer. Mon inconscient me transmettait sans doute le message que le rire n'enfreignait pas la règle comme le bavardage. Je revois les épaules de mes camarades qui sautaient de plus en plus fort, ce qui entraînait un effet domino chez les autres.

Mes parents, de condition financière aisée, ne disposaient pas de bibliothèque à la maison. La seule littérature disponible chez nous se résumait à peu de chose : le *Sélection Readers Digest*, le *National Geographic* en anglais, la Bible et des bandes dessinées. Il m'est arrivé de fouiller dans la chambre de mon frère Louis pour lui emprunter des *Tintin*, des *Spirou et Fantasio* ou des *Lucky Luke*. Cela a sûrement manqué à ma mère qui raffolait de la lecture. Devenue veuve à 54 ans, elle ne se remaria jamais et elle reprit le temps perdu jusqu'à la fin de sa vie. Elle dévorait totalement ce que je lui apportais dans des caisses de carton. Elle lisait absolument tout, du premier mot au dernier. Elle se faisait même un devoir de terminer un livre qu'elle n'appréciait pas particulièrement. « Par principe », disait-elle.

Il y avait aussi les catalogues des grands magasins de Montréal, bien loin de ma ville natale. Mon grand-père maternel vivait avec nous. Il aimait regarder avec moi ces épais documents et me demander quel cadeau me plairait parmi une vaste sélection d'objets enfantins. Comme elles étaient jolies les poupées de chez Eaton ! Grand-père Levert m'acheta un jour une ballerine qui devait bouger sur les pointes à l'aide d'un mécanisme à piles. Il connaissait mon amour de la danse classique et il voulait me faire plaisir. Nous n'avons jamais réussi à actionner l'appareil et mon grand-père en fut encore plus déçu que moi. Je pense qu'il ne commanda plus rien après cet incident.

Cette année-là, j'avais bien profité des heures de congé pour arrêter mon choix de présent. Pendant que mon père et mes frères écoutaient la soirée du hockey et qu'ils criaient à s'époumoner lorsque Maurice Richard marquait un but, je tournais les pages du catalogue. Mon regard s'écarquillait devant chaque image. J'anticipais déjà le moment où j'ouvrirais ma boîte au trésor enveloppée d'un papier de circonstance et enrubannée de joie. Ma poupée, mon bébé, j'avais tant hâte de la bercer, de la bécoter, de la câliner. Au premier regard, elle avait été mon coup de cœur. Elle était évidemment blonde avec de grands yeux bleus. Tout le contraire de moi !

Le jour J arriva enfin. Il fallait d'abord se préparer pour la messe de minuit, car à cette époque on ne pouvait imaginer une fête de Noël sans passer par l'église. Je me souviens de la crèche qui m'impressionnait avec son petit Jésus entouré d'un bœuf, d'un âne et de quelques moutons.

Je trouvais Marie et Joseph vraiment sympathiques d'avoir choisi une étable et des animaux pour accompagner la venue de leur enfant sur la terre. Ma fascination pour les bêtes ne date pas d'hier. À la fin de l'office religieux, au cours duquel on pouvait entendre de magnifiques chants mélodieux qui résonnent encore dans ma tête, les gens commençaient à s'échanger les vœux de circonstance. Certains disent que c'était le bon temps, même si nous ne disposions pas de tous les avantages d'aujourd'hui.

Au sortir de l'église, tous se souhaitaient un joyeux Noël pendant que le froid piquait le bout du nez. La vapeur jaillissait de la bouche à chaque mot et je me blottissais contre le manteau de fourrure de ma mère. Le commerce des peaux, à l'époque, ne préoccupait personne et les chics dames profitaient de leurs rares sorties pour exhiber leur précieux trésor. Les chaudes matières synthétiques ont heureusement remplacé ces lourds vêtements, payés à coup de tueries d'animaux. Je ne le réalisais pas alors et je jouissais de la douceur passagère à laquelle je goûtais avec gourmandise. J'avais pourtant hâte de retourner à la maison dans la mémorable DeSoto de papa. Un concessionnaire avait bien tenté de lui vendre une Cadillac, mais il préférait sa solide voiture que je voyais immense, sans doute parce que j'étais moi-même très petite. En observant des images de ce temps, je constate qu'elle était effectivement très grande en comparaison des automobiles d'aujourd'hui.

Le repas terminé, les enfants sont invités à se diriger vers le sapin. Mon frère Louis fouille sous l'arbre pour trouver son nom sur un emballage. Un énorme paquet qu'il ouvre rapidement le déçoit. Ce n'est pas le train électrique qu'il attendait et il boude. Il nous arrive de repenser à ces épisodes de vie et d'en rire. Mes sœurs semblent, quant à elles, ravies par leurs surprises, mais je n'ai pas la curiosité de regarder celles-ci. Je finis par attraper ma boîte. Mon cœur bat la chamade. La voilà enfin, tout près de moi. Je rêve de l'emmener au pensionnat pour m'aider à traverser les moments de tristesse. Le papier et le ruban sont arrachés à grande vitesse et je lève le couvercle de carton. Oh ! ce n'est pas elle, ce n'est pas le jouet que j'avais choisi. Brune avec ses yeux marron comme les miens, je ne la trouve pas très jolie et je commence à pleurer. À travers mes sanglots, je l'observe stupéfaite. Une poupée dont je ne veux pas ! Celle du catalogue que j'espérais étant non disponible au commerce de ma petite ville, mes parents ont acheté une remplaçante, ne pouvant imaginer la déception que je ressentirais devant celle-ci.

Fine psychologue, maman m'explique alors que personne ne désirait cette mignonne, qu'elle était abandonnée toute seule au magasin et condamnée à le rester. Ma mère astucieuse a misé sur mes cordes sensibles. Dès ce jour, j'en ai pris soin comme de la prunelle de mes yeux et je l'ai comblée d'affection. C'est le jouet de mon enfance que j'ai conservé le plus longtemps. En recueillant Mozart blessé à un œil, j'ai songé que l'on ne change pas en vieillissant !

Plusieurs années après cet incident, je réalise que cette « erreur de parcours » m'a aidée à m'accepter au lieu d'aspirer à me transformer. Plus jeune, j'aurais aimé naître blonde aux yeux bleus, comme les princesses des contes de fées. Adolescente, je me trouvais plusieurs défauts. Un jour, j'ai enfin compris que l'essentiel est invisible pour les yeux. Les qualités de cœur et les valeurs d'une personne demeurent plus importantes que son aspect extérieur.

Mon plus beau cadeau de Noël a donc été une poupée non désirée. Est-ce à croire que la vie sait parfois mieux que nous ce qui nous convient ?

Message d'espoir

Un vieux proverbe dit : « Si tu n'as pas ce que tu aimes, aime ce que tu as. » Le regard que nous portons sur nous et sur les autres engendre de la satisfaction ou de la déception. Il nous appartient de choisir notre camp : partager les beautés de la vie avec notre entourage ou ruminer seul dans notre coin.

EATON'S
MAIL ORDER
Christmas
Book
1956
Make it the merriest Christmas ever
have fun shopping from this festive Book
—and from the wide assortments
in your big EATON Catalogue...
order from both...
INDEX, Page 162
BUDGET PLAN, Page 163
T. EATON Co
TORONTO
CANADA

La crèche de Noël

« Les enfants seuls savent ce qu'ils cherchent. »

Antoine de Saint-Exupéry

La crèche de Noël

« Madame Michèle, j'ai faim, j'ai froid, aide-moi ! »

À neuf heures de la fête de Noël, je complète mes courses dans la cohue de piétons au centre-ville de Québec.

Je regarde cette petite fille avec curiosité. Son visage familier m'interpelle. Pourtant, je ne peux l'identifier avec précision. S'adresse-t-elle à moi ?

La voilà tout près de moi. Elle prend ma main avant même que je n'aie répondu à son appel. Ses yeux remplis de larmes me font pitié :

« Qui es-tu ? Que fais-tu ici toute seule, loin de tes parents ? Et comment connais-tu mon prénom ?

– Madame, mes parents, je ne les ai plus. Et toi, tu les as encore, tes parents ?

– Mes parents sont morts il y a longtemps et je ne les ai plus. Tu es donc vraiment toute seule ici. De quoi vis-tu ? Ne vas-tu pas à l'école ? Tu n'as pas répondu à ma question. Comment connais-tu mon prénom ? »

Les questions se succèdent dans ma tête et la petite me tient la main de plus belle. Comment donc réagir à cette heure tardive ? La conduire au commissariat ou à l'hôpital ? Le courage me manque, surtout la veille de Noël :

« Bon, qu'attends-tu de moi, mademoiselle ?

– Madame Michèle, je veux surtout que tu me conduises chez toi tout de suite. Tu as l'air bien lasse de faire des courses. Si nous nous rendions chez toi prendre un chocolat chaud ? J'en meurs d'envie. Ensuite, j'aimerais bien que tu me prennes dans tes bras et que tu me berces doucement en me chantant une comptine.

– Tu attends si peu de moi, chère enfant. C'est Noël ce soir, n'aurais-tu pas un souhait, un cadeau spécial dont tu rêves depuis longtemps ?

– Oh ! oui, madame Michèle. J'aimerais que tu me conduises dans une église, tout près de la crèche où dort le petit Jésus. Rendue à cet endroit, je pourrai te dire comment je connais ton prénom.

– D'accord, allons-y ! »

La pause à la maison s'avère salutaire. Je réalise que je me dirigeais vers le bout de mes forces et que l'arrivée providentielle de cette enfant m'a permis d'arrêter juste à temps. Le chocolat chaud nous fait du bien.

Je ne lui ai pas encore demandé son nom, mais est-ce important ? Nous voilà toutes les deux dans le salon où j'ai allumé un feu de foyer. Une chaise confortable nous attend. Comme elle me l'a suggéré, je la prends et la berce en lui chantant une comptine. Pour l'occasion, j'en ai choisi une très connue et intitulée *Ah, vous dirais-je maman* :

> « Ah ! vous dirai-je, maman,
> Ce qui cause mon tourment ?
> Papa veut que je raisonne,
> Comme une grande personne.
> Moi, je dis que les bonbons
> Valent mieux que la raison. »

Je nous sens toutes deux reposées et heureuses. Je réfléchis soudain au souhait de l'enfant et lui suggère d'aller à l'église. Elle me sourit et nous partons.

Nous arrivons au lieu saint et nous nous approchons de la crèche. Et là, un miracle se produit. À mon tour d'avoir les yeux baignés de larmes. Je réalise alors que cette jeune fille fait partie de moi. Il s'agit bien de la petite Michèle que je néglige depuis trop longtemps et qui demande à être écoutée et dorlotée. Je me tourne vers elle, mais elle a disparu. Elle s'est glissée doucement en moi pour s'y confondre avec l'adulte que je suis, elle est revenue dans cette maison d'où je l'avais inconsciemment chassée.

Un court moment d'éveil et d'amour a suffi pour retrouver l'enfant en moi. Ces précieux instants m'ont permis de reprendre contact avec elle et de savourer pleinement la magie de Noël.

Message d'espoir

On ne guérit jamais entièrement de son passé. On peut toutefois apprivoiser l'enfant en soi et lui redonner confiance. En apprenant à l'aimer inconditionnellement et à le respecter, l'enfant qui nous habite refait surface et il réussit enfin à vivre en harmonie avec l'adulte que nous sommes. Aspirer à l'unité de l'être conduit à une meilleure qualité de vie.

La maison du lac

« La liberté, c'est peut-être de perdre ce que l'on voulait garder à tout prix. »

Auteur inconnu

La maison du lac

La lourde cloche de bronze à droite de la porte extérieure tinte mon arrivée à la résidence de Lac-Beauport dans le secteur du Mont Tourbillon. Longuement cherchée et achetée lors d'un voyage à Paris, cette cloche m'a valu un supplément aux douanes. Je regarde avec un sourire cette superbe maison en cèdre avec ses formes sobres et modernes qui résistent aux années et qui défient la mode. Avant de pénétrer dans mon havre de paix, j'admire l'immense rocher qui ressemble à une baleine sympathique.

Construite sur le granite, cette propriété me plaît. Elle cache une histoire, la mienne. Déjà, pour la repérer, j'ai eu besoin de temps. Mon couple de l'époque se dissout et la demeure est alors à vendre. Depuis mon départ de Montréal, je vis dans ce paradis unique et connu pour ses montagnes. Il faut que je découvre un refuge pour mes deux chats et pour moi. Six semaines d'exploration avec une agente immobilière ne donnent aucun résultat au cours de l'automne 2004. Un peu découragée et inquiète, je demande l'aide de ma petite Thérèse de Lisieux.

De passage au centre d'achats pour y faire quelques courses, je rencontre un ami installé à un kiosque. Il offre des billets pour le tirage d'une résidence d'un quartier cossu de Québec. On l'appelle la « Maison Kinsmen » et les profits vont à des œuvres caritatives. Je lui en achète un lui affirmant toutefois que je n'aimerais pas gagner. Je lui fais part de mon intention de demeurer à Lac-Beauport. Il me parle alors du « Belvédère » sur le chemin du Sommet. Selon lui, la propriétaire souhaite vendre. Je me dirige à cet endroit et j'ai une attirance spontanée pour l'extérieur. L'écriteau de bois sur lequel on peut lire « Belvédère » illustre bien les lieux. En retrait, protégée par l'immense rocher, surplombant la montagne avec une vue imprenable sur le lac, la maison me séduit immédiatement. Je retourne chez moi, rédige un mot dans une carte de vœux expliquant que je cherche un nid pour héberger ma petite famille. Je précise mes coordonnées et je place cette missive dans le pare-brise de la voiture garée dans le stationnement et j'espère un appel téléphonique. Claudette communique avec moi le jour même. Elle me dit qu'elle donne l'hospitalité à une amie en convalescence et qu'elle ne peut me recevoir avant quelques jours. Sa propriété n'est pas à vendre, mais elle pourrait le devenir si nous arrivons à une entente.

La semaine suivante, elle m'invite à la rencontrer et à visiter « son » intérieur. Dès les premiers instants, je ressens un coup de cœur. Je suis sous le charme. Voilà enfin l'endroit où je veux vivre. En quelques jours, le marché est conclu entre nous. Elle accepte mon offre et me suggère d'acheter ses meubles à un bon prix, car son mari et elle résident en Californie et n'en ont pas besoin. J'ai trouvé la maison de mes rêves. Je devrai toutefois attendre quelques mois avant d'y emménager. En juin 1995, le contrat notarié fait de moi la plus heureuse des femmes.

Il faut parfois un temps pour s'acclimater à un nouveau décor. Mon adaptation à ce lieu enchanteur ne dure que quelques heures. Je m'y sens immédiatement chez moi. On pourrait penser que tout a été imaginé pour me séduire : les divisions à aires ouvertes, les planchers de bois franc, les vénitiennes, les luminaires, la vue magnifique sur le lac et les montagnes, la chambre immense, les nombreux espaces de rangement, la cuisine fonctionnelle, sans oublier la vaste pièce au sous-sol dans laquelle j'ai écrit trois livres au cours de trois années consécutives. Le calme loin des bruits de rues me permet de dormir sans fermer les fenêtres. La maison fait partie d'un secteur sans réverbère où le ciel étoilé favorise l'observation des perséides en août. La véranda, d'une superficie imposante, offre le privilège de manger dehors durant trois saisons. Elle est entourée de feuillus en été et l'intimité y est totale. Le vent typique du Mont Tourbillon protège des moustiques et de la chaleur écrasante. Quels beaux souvenirs je conserve des copieux repas préparés avec bonheur pour mes invités !

Au fil des ans, les problèmes techniques ne m'épargnent pas et je surmonte avec courage les difficultés de parcours. Réparation de la cheminée, du puits artésien et de la toiture, remplacement de la fosse septique, construction d'un mur de soutènement en béton avant que celui en bois ne s'effondre sous le poids du terrain, restauration complète de la galerie, installation d'un garde galvanisé, rénovation de la cuisine et des salles de bain sans oublier la réfection des clôtures et passerelles à l'extérieur. L'achat d'un adoucisseur d'eau et celui d'un appareil à osmose inverse rendent la résidence impeccable.

À quelques minutes du golf, de la forêt et des montagnes, j'ai arpenté des milliers de fois les environs, respirant l'air pur en faisant le plein d'énergie. Aujourd'hui, Lac-Beauport demeure pour moi un endroit de prédilection pour relaxer et me mettre en forme.

Un vieux proverbe dit : « Qui prend mari prend pays. » Dès novembre 2001, je décide de louer mon havre de paix pour aller rejoindre mon amoureux à Charlesbourg. Fort heureusement, mes guides placent sur mon chemin des gens formidables qui assurent la transition. Grâce à eux, je conserve mon trésor pendant plusieurs années en caressant l'espoir d'y revenir un jour.

En septembre 2003, notre mariage scelle officiellement l'union avec mon conjoint. Dès cet instant, je pressens que le retour à la maison du lac devient improbable. J'en garde la propriété, imaginant que la vie saura, en temps opportun, m'indiquer la route à suivre. En 2010, la perte de mon emploi, la disparition de notre chat Youri et la préoccupation de confier ma propriété à de nouvelles personnes m'incitent à tourner la page. Lorsque Lucie, Jean-Pierre et leurs deux garçons regagnent la Belgique, leur pays natal, je comprends que je dois lâcher prise.

Choisir de vendre ne se fait pas avec un enthousiasme délirant et je ressens des doutes. Mon agent immobilier et ami de longue date, André Dussault, m'aide à traverser cette période. Sa précieuse collaboration et son professionnalisme me rassurent. Au moment où j'écris ces lignes, la maison a trouvé acheteur et le contrat sera signé dans dix jours. J'éprouve un pincement au cœur, réalisant néanmoins que je m'enlève un fardeau des épaules. Il faut accepter de *suivre le courant* comme le titre de ce livre l'indique. Il est temps pour moi de commencer à voyager léger en dégustant chaque minute de mon existence. Je peux retourner à Lac-Beauport pour y marcher, pour y respirer l'air pur et pour y revoir des connaissances comme Chantal, son mari et ses enfants qui m'ont généreusement soutenue lors des tempêtes hivernales. J'irai encore me baigner dans le lac et patiner et je conserverai certainement un abonnement au centre de santé pour la piscine, le sauna et les douces odeurs d'huiles essentielles. Quant à cette maison magique, les nouveaux propriétaires y trouveront aussi leur part de bonheur. Je décrète en effet, ici même, que le « Belvédère » hébergera toujours des gens heureux.

Message d'espoir

Conversations avec Paulo Coelho, de Juan Arias, nous offre cette citation : « Il y a des moments où l'on doit renoncer à une chose pour pouvoir en choisir une autre. » Il n'existe pas de bons ou de mauvais choix. Il y a ce que l'on décide et que l'on doit assumer sans regret. Tous les chemins peuvent conduire à la sérénité.

La dernière feuille de l'automne

« Personne n'est jeune après quarante ans, mais on peut être irrésistible à tout âge. »

Coco Chanel

La dernière feuille de l'automne

Le premier gel a déjà eu lieu. Pour les trois prochains jours, l'automne fait place à l'été indien avec un ciel fort ensoleillé et sans précipitations, des vents légers et une température qui dépasse la normale d'au moins cinq degrés. La traversée des saisons apporte tellement plein de vie et d'imprévus. À cette période de l'année, l'anticipation de la réalité m'inquiète un peu. Je vois l'hiver à nos portes et je sais pourtant à quel point ces trois jours de dernière chaleur me feront du bien.

Le temps des chandails de laine approche, mais aujourd'hui on oublie ceux-ci pour retourner aux vêtements moins chauds. Un regard sur notre terrain m'attendrit. Les quelques pommes tombées sur le sol, ravagées par leur chute, dégagent une bonne odeur de cidre. On pourrait croire que le soleil les a cuvées. Quelques roses, pas encore fanées, s'accrochent aux troncs des arbustes, défiant le gel et les vents des jours passés. Elles font semblant d'ignorer l'hiver qui vient à pas de loup. Comme de vraies complices, elles et moi imaginons que l'été et l'automne entremêlés ne cèderont pas si facilement leur place au grand seigneur blanc. Je les soupçonne même de parler en secret à leur ami printanier pour lui demander de faire exception, juste une fois, par un large bond au-dessus de la saison hivernale.

Captive de mes pensées, je reviens rapidement à la réalité. Est-ce que je serais à ce point heureuse d'éviter l'hiver? Bien sûr que non. Cette période de l'année, c'est aussi la belle neige, les feux de foyer, les succulents bouillis aux légumes et les câlins amoureux sous l'édredon, en regardant le téléviseur.

Il ne faut quand même pas rater la chance de vivre dehors encore quelques jours pour remplir nos poumons d'air frais, pour écouter le chant particulier des oiseaux lorsqu'il fait un peu plus chaud et qu'ils ne recherchent pas le grain de survie. Mon mari se laisse influencer et il acquiesce à ma suggestion de profiter une dernière fois cette année des meubles de jardin et du barbecue. Au menu, des brochettes aux trois poivres, des pommes de terre cuites sur le gril, le tout arrosé d'un pinot noir de Californie. Quelle bonne façon de savourer la vie! D'autant plus que cette merveilleuse journée se terminera en compagnie de la pleine lune...

Nous mangeons avec appétit, réglant le sort du monde entre deux bouchées. Avec mon amoureux, ce scénario n'a rien d'étonnant. Toujours à ses dossiers, à son engagement politique et social, à ses batailles juridiques, je ne l'attire pas facilement dans mon *antre magique*. À peine le repas terminé, il me dit qu'il doit absolument effectuer un travail urgent. Je le laisse partir et je décide de prolonger un peu mon dîner à l'extérieur. À son entrée dans la maison, le ciel fourmille déjà d'étoiles qui courtisent l'astre au front d'argent.

Je profite, quelques instants bénis, de cette soirée chaude et enveloppante. J'admire notre érable majestueux, dépouillé de la plupart de ses feuilles qui jonchent maintenant le sol dans leurs splendides couleurs. Du jaune au rouge écarlate en passant par les orangés, elles « compétitionnent » de beauté.

Mon attention se porte soudain sur une jolie feuille, encore verte, isolée sur sa branche et solidement attachée à celle-ci.

Je savoure doucement et sensuellement le vin de ma coupe. Il coule dans ma gorge avec chaleur et gourmandise. Amoureuse de mon mari et de la vie, je réfléchis à ma chance. Je réalise aussi ma bonne fortune de vivre dans un pays riche et ma chance d'apprécier mon travail et mes animaux en santé. Je compose une courte prière de reconnaissance à l'univers.

Une petite voix vient troubler ma quiétude. Elle ressemble à un faible gémissement, à un appel à l'aide. Ai-je trop bu ? Qui peut se trouver dehors à cette heure tardive ? Je retourne à mes pensées quand le son se fait plus audible et plus pressant. Non, je ne rêve pas, quelqu'un m'adresse la parole. On dirait que le bruit émane des hauteurs. Un ange m'apparaît-il, ou est-ce un guide ? En observant cette feuille isolée agitée par la brise du soir, je constate que, cette voix, c'est la sienne.

Je suis abasourdie. Un élément végétal qui parle, c'est possible ? Les elfes, les salamandres, les ondines, les lutins et tous les autres petits êtres de la nature, à la rigueur, je pourrais comprendre, mais pas une simple feuille quand même !

J'approche ma chaise de l'arbre pour mieux saisir les mots de cette survivante que j'imagine évidemment en sursis. À cette époque de l'année, on n'aperçoit guère de vêtements aux arbres.

Sans me préoccuper des oreilles indiscrètes, je décide de lui répondre.

La voix se fait alors plus forte. Elle me dit de ne pas douter. Elle ajoute qu'elle me connaît bien, comme elle sait tout de Merlin et de Soleil, mes deux golden retrievers qu'elle voyait s'amuser dans le jardin, tantôt au pied de l'arbre, parfois au loin. Elle est encore plus familière avec Youri et Fanfan, les deux jeunes félins qui montent souvent jusqu'à elle. Elle les trouve adorables. Elle a remarqué Chaton, l'aîné, et Filou, le cadet, qui ont passé l'âge de grimper aux feuillus, mais qui se prélassent langoureusement sur le patio bien réchauffé par les rayons du soleil.

À travers cette joie exubérante de son récit se mêlent quelques larmes. La rosée du soir peut-être ? Ça me semble improbable, car ses quelques sœurs, isolées ici et là sur des branches voisines, sont complètement sèches. Ne sachant trop comment réagir, je décide de lui demander son nom.

Sa réponse m'amuse. « À travers les branches, j'ai appris que je me nomme "Cybèle". » C'est un bien joli nom, lui dis-je, d'où vient-il à ton avis ? » Elle ajoute qu'elle en a hérité grâce à sa délicatesse et à sa légèreté quand elle danse au gré du vent. Les écureuils et les oiseaux, surtout les mésanges, l'ont remarquée à maintes reprises, ce qui aurait pu la faire rougir bien avant les autres.

Justement, j'aimerais comprendre comment il se fait que tu sois encore verte alors que toutes tes sœurs ont mis leur vêtement d'automne avant de quitter leur branche ? dis-je.

Cybèle m'explique alors son histoire. Elle vit sur ce magnifique érable depuis le début du printemps. Elle pense que c'est sa première vie. Elle ne connaît rien d'autre de son passé et cela ne l'a jamais inquiétée. Elle s'est bien amusée, découvrant au fil des jours les fantaisies de la nature. Elle a appris que certains arbres portent fièrement des feuilles bien différentes de ses amies toutes proches. Elle a regardé des tourterelles se faire la cour, elle a remarqué des sittelles qui se battaient entre elles et elle a entendu des pics chevelus qui martelaient le tronc des arbres. Elle a aussi pris le temps d'admirer les couchers de soleil et les aurores boréales. Comme c'est joli, la vie, et comme ce n'est pas monotone.

Lorsque ses sœurs ont remplacé leurs robes, elle a été étonnée. Puis, elle les a vues tomber une à une sur le sol, loin d'elle. Elle a constaté que certaines avaient été brûlées et d'autres placées dans de grands sacs de récupération. Aucune envie pour Cybèle de suivre ce trajet inquiétant. Depuis, elle s'accroche désespérément à cette branche, priant pour un miracle. J'essaie tant bien que mal de lui expliquer le cycle des saisons et le retour des feuilles au printemps. Plus je lui parle et plus je réalise que ma situation ressemble drôlement à la sienne. Mes cheveux changent de couleur depuis quelques années, mais je refuse obstinément leur blancheur. Une fois par mois, je les fais teindre en brun et les garde à la taille, peut-être pour me donner l'illusion de ne pas vieillir. Pourtant, quand je regarde les photos de ma mère à la longue crinière naturelle attachée en chignon, je la trouve belle. Je vois aussi autour de moi des femmes qui portent fièrement leur âge. Que puis-je dire à Cybèle pour la convaincre de lâcher prise ? Si je m'accroche moi-même à la vie avec tant d'appétit, comment puis-je envisager l'ultime étape avec sérénité ?

J'offre à Cybèle de la détacher et de l'emmener dans la maison. Je la déposerai dans un livre où elle sèchera et où elle gardera toujours sa couleur printanière. Elle ne se retrouvera pas au sol, ne sera pas brûlée et n'ira pas à la récupération. Elle réfléchit un peu et me fait part de sa décision. Elle préfère conserver sa place de choix sur cette branche et laisser arriver l'hiver. Le temps venu, quand elle aura trop froid ou lorsqu'elle ne pourra plus résister au vent, elle tombera aussi et elle acceptera de rejoindre ses sœurs. Elle sait maintenant qu'un nouveau printemps lui donnera la chance de revenir sur terre. D'ici là, elle me promet de ne plus verser de larmes et de profiter de chaque instant de sa vie actuelle. Ma conversation avec Cybèle m'offre une merveilleuse perspective. Je comprends à quel point la nature m'invite à mordre dans la vie à pleines dents tout en accueillant les renoncements nécessaires à chacune des étapes de mon existence. Le juste dosage entre la détermination et le lâcher-prise, c'est peut-être cela le début de la sagesse.

Message d'espoir

Mourir représente l'inévitable fin d'un chemin, mais le commencement d'un autre. Devant l'incontournable, préparons-nous et acceptons avec sérénité les passages délicats de la vie à la mort, et ce, sans jamais oublier que le bonheur enjolive la vieillesse !

Épilogue

Apprends-lui à aimer la vie

Comme des milliers d'étoiles scintillent au firmament des idées, les mots tapissent l'âme de l'auteure mise à nu.

Parfois légères, souvent graves, les phrases virevoltent sous le regard du lecteur amusé et curieux. Elles butinent d'un chapitre à un autre, elles dansent la vie.

Terminer la lecture d'un volume suscite d'habitude un sentiment de tristesse, de nostalgie. Avide d'en découvrir l'intrigue et d'en apprécier le style, on rêve pourtant, en secret, qu'il ne finira pas. Le roman *L'histoire sans fin* de Michael Ende, dans lequel des pages s'ajoutent au fur et à mesure que le conte progresse, illustre bien ce fantasme.

Achever la création d'un livre procure également son lot d'émotions contradictoires. On souhaiterait scruter chaque ligne pour améliorer la rédaction, préciser la pensée et revisiter le contenu. On sait qu'une fois imprimé, on ne pourra rien y changer. Après avoir accordé le temps nécessaire à tout harmoniser, le point final se pose avec délicatesse. Une joie profonde cohabite avec une certaine fébrilité. Livrer une parcelle de son intimité, espérant avec candeur que cette audace portera des fruits, offre alors une légitimité au bonheur d'être publié.

La vie vaut la peine d'être vécue, même si elle ne semble pas toujours rose. Accepter avec discernement les occasions proposées par notre destin et ouvrir notre cœur à l'essentiel conduisent généralement à la sérénité. Chercher *le fil de la merveille* partout et en tout rend heureux. Nous possédons tous la faculté de choisir une telle orientation en conservant avec pragmatisme les pieds sur terre.

Les gens d'exception, les animaux et les objets qui nous entourent ne demandent qu'à nous voir sourire. L'âme impérissable réside dans un corps de chair, remarquable mais éphémère. La spiritualité conjuguée au présent avec l'amour inconditionnel offre une possibilité de transcender les épreuves. Savourons paisiblement *la magie d'être* conciliant la raison et l'intuition, la logique et l'instinct, la conviction et le scepticisme. De tout temps, le paradoxe et le doute habitent le cœur de l'homme et l'invitent à décrypter la pierre philosophale.

Ce livre prendra son envol dans les librairies, il franchira les océans pour rejoindre d'autres continents et il se retrouvera un jour entre vos mains. Je lui confie un mandat simple, mais grandiose. Je lui chuchote à l'oreille, entre deux pages : *apprends-lui à aimer la vie*. S'il réussit à s'acquitter avec succès de cette noble mission, je lui accorderai alors la mention de passeur de lumière.

FIN

Passeur de lumière...

MARQUIS
Marquis imprimeur inc.
Québec, Canada
2011